스트롱맨

너의 이름은…

너의 계략은?

HHH 하나로선 사상과 문학 기독출판부 Holy Hill House

하나로선 사상과 문학사는 기독교사상을 중심으로 한 문학서적 출판과 신앙서적 출판을 주로 하였습니다. 계간지로 50회 이상 출간되고 있는 계간『하나로선 사상과 문학』이 있고, 다양한 문학, 신앙 서적들을 출판하고 있습니다.

모든 인용 성경은 King James Version을 인용하였고, 한국어 성경은 개역한글판을 인용하였습니다.

STRONGMAN'S

HIS NAME....

WHAT'S HIS GAME?

An Authoritative Biblical Approach to Spiritual Warfare

DRS. JERRY & CAROL ROBESON

WHITAKER
HOUSE

Unless otherwise indicated, all Scripture quotations are taken from the King James Version of the Holy Bible. Scripture quotations marked (AMP) are taken from the *Amplified® Bible*, © 1954, 1958, 1962, 1964, 1965, 1987 by The Lockman Foundation. Used by permission. (www.Lockman.org).

STRONGMAN'S HIS NAME...WHAT'S HIS GAME?
An Authoritative Biblical Approach to Spiritual Warfare
new edition

Dr. Carol Robeson
www.carolrobeson.com

ISBN: 978-0-88368-601-0
eBook ISBN: 978-1-60374-173-6
Printed in the United States of America

Whitaker House
1030 Hunt Valley Circle
New Kensington, PA 15068
www.whitakerhouse.com

Library of Congress Cataloging-in-Publication Data

Robeson, Jerry, 1938–1999.
Strongman's his name—what's his game? / by Jerry & Carol Robeson.
p. cm.
Originally published: Woodburn, OR : Shiloh Pub., © 1983.
ISBN 0-88368-601-5 (trade paper : alk. paper)
1. Spiritual warfare—Biblical teaching. I. Robeson, Carol, 1939– II. Title.
BS680.S73 .R64 2002
235'.4—dc21
2001056901

17 18 19 20 21 22 ꟺ 24 23 22 21 20 19

서론

어느 영상광고에 해변에서 우쭐대는 덩치 큰 사내가 45kg밖에 안 나가는 약골에게 발로 모래를 끼얹는 등 괴롭히고 곧 이어 그 근육질의 사내는 큰 소리를 치며 그 딱한 친구의 연인마저 빼앗아 데리고 가버립니다. 다음 장면은 그 풀죽은 젊은이가 보디빌딩 운동을 시작하는 것을 보여줍니다. 그는 더 이상 이런 모욕을 당하지 않겠다고 굳게 다짐 한 후에 그는 집중적으로 열심히 운동을 해서 몇 달 안 되는 사이에 건장한 사내가 된 것을 보여줍니다. 마지막으로 그새 영웅이 그 건강하고 단단한 어깨와 턱을 당당하게 보여주는 장면이 나오고 “이 생쥐 같은 놈아 한대 맞아봐! 그리고 내 여자 다시는 절대 건드리지마!”라고 하며 자막이 사라집니다.

영적인 차원에서도 하나님은 당신을 영적인 용사로 만드시어 우주의 험상궂은 어깨인 사탄에 맞서서 “이제는 네가 나를 더 이상 이용할 수 없어”라고 말하길 원하십니다.

예수님이 대적을 물리치신 지금 우리들이 어떻게 살아가야 하는지 마가복음 16:17, 18절의 말씀을 들어 보십시오. **“믿는 자들에게는 이런 표적이 따르리니 곧 저희가 내 이름으로 귀신을 쫓아내며 새 방언을 말하며 뱀을 집으며 무슨 독을 마실찌라도 해를 받지**

아니하며 병든 사람에게 손을 얹은즉 나으리라 하시더라"

이것은 마귀들을 쳐부수기 위해 찾아다니라는 말씀이기보다는 그들의 파괴적인 행동으로 인하여 더 이상 무력하게 넘어지거나 혼란을 겪을 필요가 없다는 의미입니다. 당신은 이제 그들이 언제 머리를 들더라도 꼼짝 못하게 할 수 있는 승리하는 그리스도인의 생활로 살 수 있습니다. 디모데후서 1:7은 우리에게 이렇게 말씀하십니다. **"하나님이 우리에게 주신 것은 두려워하는 마음이 아니요 오직 능력과 사랑과 근신하는 마음이니"**

이것이 당신이 원하는 것 아닙니까? 로마서 8:37 말씀으로 당신이 어떻게 될 수 있는지 보십시오. **"그러나 이 모든 일에 우리를 사랑하시는 이로 말미암아 우리가 넉넉히 이기느니라"**

제리, 캐롤 로우브슨 부부

(Jerry and Carol Robeson)

역자서문

“그 순간 놈(그리스도인)의 기분이 어땠을지 생각 좀 해봐라 (이걸 앞으로 겪을 고통의 시작으로 삼으면 되겠구나). 오랜 상처에서 딱지가 떨어져 나간 듯, 조개껍데기처럼 흉측한 허물을 벗은 듯, 젖은 채 몸에 착 달라붙어 있던 더러운 옷을 영원히 벗어던진 듯 시원했을 게다.” (C.S 루이스 스크루테이프의 편지)

‘스크루테이프의 편지’는 벤허의 작가인 C.S 루이스가 쓴 책으로 마귀(스크루테이프)가 자기의 하수인이며 조카인 귀신(웜우드)에게 그리스도인을 유혹과 거짓말, 두려움등을 통하여 무너트리는 ‘전략’을 31개의 편지형식으로 지도하는 내용을 익살스럽게 담고 있는데, 마지막 편지에서 그리스도인이 승리의 기쁨을 누리고, 마귀는 오히려 고통을 받게 되는 장면을 그리고 있습니다.

전쟁은 승리하는 자와 패배하는 자가 있습니다. 영적인 전쟁에는 평화협정은 없습니다. 사탄은 그리스도 안에 평화로운 삶을 그리스도인들이 살아가는 것 자체가 자신에게는 패배이기에 우는 사자처럼 그리스도인의 약점을 찾아 노리고 있습니다.

하나님은 우리가 그리스도 안에 승리하는 삶을 살아가기를 원하십니다. 그런데 많은 그리스도인들은 승리하는 삶이 아니라 사탄의 권세에 휘둘리고 있습니다.

한 교회에서 새가족 교육 사역할 때 미국에서 오랫동안 생활하신 한 성도님으로 부터 '제리, 캐롤 로우브스' 선교사 부부가 쓴 이 책을 소개 받은 적이 있었습니다. 그 중에 몇 부분을 인용하여 성도들을 교육한 적이 있었지만 사역 후 개인적인 어려움의 시기를 여러 해 겪으며 지내다 교육용으로 출판된 이 책을 다시 구입하여 보면서, 이 시대가 겪고 있는 갈등과 분쟁 그리고 코로나 19같은 질병의 원인을 단순하게 생각할 수가 없었습니다.

또한 요양원에서 사역하면서 질병과 죽음에 대한 두려움을 벗어나지 못하고 영혼과 육체가 현재 모두 약화된 믿음의 과거만 회상하는 그리스도인들을 보면서 많은 고민을 하게 되었습니다. 그들 대부분 성도들이 축복에 관련된 설교는 익숙하고 좋아하지만 영전전쟁에 관한 설교를 하면 반응은 그렇지 않습니다. 솔직히 하나님의 은혜로 많은 성도들이 그리스도인으로 살아가고 있다지만 '승리한 그리스도인의 삶을 사는가?'는 의문입니다. 그것은 매일 저부터 확인해 봐야 할 중요한 문제입니다. 이 책은 이러한 관점에서 자신과 가정 신앙공동체 그리고 사회전반 무너진 연약한 부분을 진단하고 그 부분을 그리스도의 능력으로 영적전쟁을 승리로 이끄는 지침서 역할을 하리라 생각합니다.

번역책 제목 중 'STRONGMAN'S를 '강한 자'라고 번역하기보다는 '스트롱맨'을 그대로 쓰기로 했습니다. 한국어 '강한 자'는 비교적 좋은 의미를 가지지만 '스트롱맨'은 독재자나 폭군을 의미하여 쓰이기 때문에 이 책에서 의미하는 사탄, 마귀는 '스트롱맨'으로 그대로 쓰는 것이 좋겠다고 여겨집니다.

원본 책의 목차 18개의 순서를 바꾸어 1장을 '의심 – 시기의 영'으로 시작한 것은 사탄의 출발이 '하나님을 시기한 천사의 시기심'으로 출발함과 에덴동산의 아담과 하와의 실패는 사탄이 하나님의 말씀을 의심하게 하여 시작된 것이기에 목차를 바꾸었습니다.

금번 책을 출판할 수 있도록 새로 기독교 출판을 전문으로 시작하는 '하나로선 사상과 문학'(HOLY HILL HOUSE)의 발행인이신 박영률 목사님께 감사드립니다.

오랫동안 대학생선교회(CCC)에서 학생들의 신앙을 지도해 오셨고 대학에서 교수로서 강의와 지도자들을 양성하며 현재 팔순의 연세에도 목회 사역과 출판 사역을 하시며 시인으로 하나로선 사상과 문학, 세계시문학회 회장으로 왕성한 활동을 하십니다.

또한 한국교회에 존경받는 원로이시며 안산제일교회 원로목사님이신 고훈 목사님의 추천과 목회로 목회자들과 교인들의 사랑을 받는 누구나 인정하는 신실한 연신교회 담임이신 이순창 목사님과 오랜 친우이며 한국인으로 30여 년 중국선교사로 중국 수천교회의 중국인 목회자를 양성하고 이들 중국인 교회가 오히려 중앙아시아와 유럽 등 외국에 선교사로 많은 파송을 할 수 있도록 지도하신 CCM(중국중화선교회) 대표인 박화목 선교사님의 추천을 감사드립니다.

또한 현대 목회적 관점에서 서술과 표현의 문제를 조언해 주신 침례신학교 신학대학원 동기인 동탄지구촌교회 박춘광 목사님의 도움에 감사드립니다.

또한 이 책의 미국 출판 계약을 도와준 작가인 사랑하는 아우 이동운 선생과 책 교정을 도와준 시인인 김성배 선생의 도움과 늘 저에 관련된 책의 출판에 도움 주시는 인쇄출판 엔크의 이정윤 실장님께 감사드립니다.

그리고 각자의 삶에서 최선을 다하는 사랑하는 가족들에게 감사와 사랑을 전합니다.

부족한 종 윤윤근 목사

출판 감사문

'제리, 캐롤 로우브슨' 선교사 부부의 '스트롱맨'을 하나로선 사상과 문학 기독출판(Holy Hill House)에서 출판하게 된 것을 기쁘게 생각합니다.

이 세상은 코로나 19등 질병의 확산과 러시아의 우크라이나 전쟁으로 위협받고 있고 그리고 한국의 대통령 선거를 통해 본 지역과 세대 간 이념 간의 갈등과 대립을 보면서 목사로서 우리가 사는 세상이 심각한 영적 전쟁 상태에 있음을 보게 되는데 이 세상은 사탄이 지배하고 있으나 하나님은 하나님의 사람들이 '넉넉히 세상을 이기는 그리스도인'으로 살기 원하십니다.

많은 영적 전투에 관한 서적이 있지만 이 책은 마귀에 대하여 우리가 넉넉히 이기는 자로 살기 위한 구체적으로 성경말씀을 통하여 대적을 분석하고 전략을 수립하는 내용을 담고 있을 뿐 아니라, 저자들이 선교와 목회 현장에서 경험한 내용들을 추가하고 있어서 성도들에게 매우 유익한 책이라고 하겠습니다. 또한 목회 현장에서는 이 책을 교재로 사용함으로써 목회에도 유익하리라 생각합니다.

번역한 편집본의 내용을 몇 번을 읽으면서 저자의 탁월함과 번역자인 윤윤근 목사님의 수고를 알게 되었습니다. 저도 교육자요 목회자요 작가로서 책의 내용들이 이 시대에 꼭 필요한 내용이며 성도들이면 누구나 읽어야 할 내용이라는 것을 확신하게 되었습니다.

'하나로선 사상과 문학(Holy Hill House)'이 기독교 출판사로 새로 시작한다는 것은 책을 읽지 않는 이 시대, 특히 성도들이 말씀과 유익한 신앙서적을 읽지 않게 하는 사탄의 전략에 대한 도전장이나 다름없습니다. 성도들의 신앙생활에 유익한 책을 꾸준히 출판할 수 있도록 독자들이 기도해 주시기 부탁드립니다.

하나로선 사상과 문학(Holy Hill House) **대표 박영률 목사**
교육학 박사(Ed.D), 철학박사(Ph.D)

차 례

이 책은...

1. 어떤 상황이든 강한 자(사탄의 권세)의 숨어있는 계략을 파악하고 신속하게 식별하는지 가르쳐 줍니다. - Teaches

2. 다양한 모습으로 존재하는 강한 자를 나무뿌리로 묘사하여 나타나는 열매, 즉 관련된 증상들을 그림으로 예시합니다. - Illustrates.

3. 마태복음 18:18절의 원리에 따라 원수인 강한 자를 결박하고, 하나님의 능력을 푸는 방법을 설명합니다. - Instructs

4. 사탄이 우리와 우리 주변사람들의 삶을 공격하는 때와 장소를 즉시 알 수 있게 정보를 제공 합니다. - Provides

5. 사탄의 고통에서 벗어나 하나님이 원하시는 승리하는 그리스도인의 모습을 보여줍니다. - Shows

오늘날 영적 전쟁에 승리의 소망을 주는
성경말씀에 근거한 영적 전쟁의 지침서

머리말

하나님의 자녀로서 우리는 하늘에 계신 우리 아버지는 선하시다는 것을 반드시 이해해야 합니다. 우리의 삶 가운데 가장 중심 되는 하나님의 의도는 우리들을 가능한 한 유능한 하나님의 사람으로 만드시는 것입니다. 우리가 그리스도인으로서 살아가는 동안 하나님께서 우리를 다루시며 행하시는 모든 것은 우리의 잠재력을 가능한 최대한으로 계발해 내시기 위함입니다.

반대로 사탄은 전적으로 악합니다. 예수님은 요한복음 10:10에서 사탄의 하는 일을 이렇게 묘사하셨습니다. **"도적이 오는 것은 도적질하고 죽이고 멸망시키려는 것뿐이요"**

하나님이 어떤 분이신가를 좀더 알기 위하여 지금까지 그분이 말씀 속에서 자신에 대해 드러내신 하나님의 속성과 성품을 살펴보겠습니다.

하나님의 속성

하나님은

1. 영이심
2. 거룩하심 - 결코 죄가 가까이 하지 못했음
3. 영원하심 - 항상 계심

4. 무한하심 - 말씀으로 스스로 제한하신 때 외에는 한계성이 없으심
5. 무소부재 - 동시에 어느 곳에나 존재하심
6. 전지 - 모든 것을 아심
7. 전능 - 무한한 능력
8. 진리 - 절대 거짓이 없으심
9. 공평하심 - 우리에게 행하시는 모든 것이 100% 공정하심
10. 의로움 - 완전히 선하심
11. 생명 - 그는 살아 계실 뿐 아니라 생명 자체이심
12. 불변하심 - 야고보서 1:17
13. 주권자 - 절대 최고의 통치자 그러나 그 주권은 그분의 다른 속성과 완전한 조화를 이룬다
14. 사랑 - 그분은 온 우주에서 가장 사랑하는 인격을 가지심
15. 신실하심 - 절대적으로 신뢰할 만함
16. 자비로우심 - 인간의 상상을 초월함
17. 섭리 - 지으신 것을 지키시고 돌보심

하나님의 속성들은 항상 서로 균형을 이루지 않은 적이 없습니다. 그분 성품에 맞지 않게 행동하시지 않습니다. 이러한 이유로 우리들의 삶에 관한 하나님의 판단은 우리가 신뢰하고 믿을 수 있습니다. 그분은 우리에게 가장 최선의 일을 하실 것입니다. 그분은 온전히 지혜롭고 선하시며 의로우십니다. 우리에 대한 그분의 사랑은 이해할 수 없을 정도로

너무 크고 그분은 또 절대적으로 신뢰할 수 있습니다. 그렇다면 어느 한 사람이라도 그 삶 가운데에서 그분의 인도하심과 권고를 무시하려는 이유가 무엇일까요? 그러면 그 대적은 어떻습니까? 성경은 그 특성에 관해서 어떻게 계시하고 있습니까?

마귀의 속성

마귀는

1. 거짓말쟁이
2. 살인자
3. 불화를 퍼트리는 자
4. 적수
5. 교활함
6. 심술궂음
7. 악성의 - 완전한 악마
8. 비겁한 자
9. 시험하는 자
10. 도적
11. 원칙이 없음
12. 자랑함
13. 속임

14. 두렵고 잔인함

15. 공격적

16. 파괴자

우리가 이 두 가지 속성들의 항목을 비교할 때, 누가 인간에게 병과 고통을 가져온다고 생각하십니까? 마귀는 하나님과 반대되는 신이라기보다는 단지 타락한 천사임을 아셔야 합니다. 타락한 결과로 그가 더 능력이 있게 된 것이 아닙니다. 죄에 접해지는 것은 무엇이나 힘이 약해집니다. 우리들이 죄를 진 후 우리는 더 강해졌습니까? 아니면 더 약해졌습니까? 루시퍼라고 해서 자신이 완전하게 창조되었을 때에 비하면 지금은 아무것도 아닌 존재가 되어버린 사실이 파기되지는 않는 것입니다. 그러나 우리가 육체의 일에 열중하면 그 일은 마귀의 놀이터이기 때문에 마귀가 더 강해집니다.

마귀의 몇 가지 일은 : 죄악, 병고, 두려움, 사망, 우울증, 살인, 유혹, 속임수, 육욕, 그리고 배반입니다. 그러나 요한일서 3:8은 우리에게 **"죄를 짓는 자는 마귀에게 속하나니 마귀는 처음부터 범죄함이니라 하나님의 아들이 나타나신 것은 마귀의 일을 멸하려 하심이니라"**고 가르쳐 줍니다. 그래서 예수님이 그들을 무력하게 만드셨기 때문에 이제 우리들은 예수의 이름을 빌어 마귀와 그들의 일에 승리합니다.

하나님은 그 자녀들을 다루는데 결코 비굴하게 마귀의 일을 이용하시지는 않을 것입니다. 하나님께서 그 사랑하시는 자들에게 그것을 다시 들어 쓰실 것이라면 그 마귀의 일을 멸하기 위해 예수님을 보내시지는 않았을 것입니다. 우리는 하나님께서는 참으로 지혜로우시니 마귀가 사용하는 것보다는 훨씬 더 높은 차원에서 우리를 다루실 것이라고 확신할 수 있습니다.

주님을 믿음

많은 사람들이 부당하게 마귀의 행실을 하나님의 탓으로 돌려 왔습니다. 그 결과는 절망적입니다. 어떤 사람이 하나님께서 그에게 무엇인가 깨닫게 하려고 병을 주셨다고 믿는다면 그가 무엇을 할 수 있겠습니까? 예수의 이름으로 나음을 얻도록 질병에 맞서 싸워야 함에도 그는 하나님께 대항해서는 안됨으로 그냥 그 병이 자기 건강을 빼앗아 가도록 가만히 있을 것입니다. 우리는 하나님의 말씀에 따라 바르게 대처할 수 있도록 우리 삶 가운데 누가 무슨 역사를 하는지를 분간할 수 있어야만 합니다.

열린 문

이제 영적 전쟁에서 매우 중요한 진리를 살펴보겠습니다.

사도 바울은 말하기를 우리 삶 가운데 마귀가 활동할 수 있는지, 없는지는 우리들 자신이 결정적 요인이라고 말합니다.

그는 에베소서 4:27에서 **"마귀로 틈을 타지 못하게 하라"**고 말합니다. 우리가 영적 생활에서 틈새를 보일 때 마귀는 그러한 특정 영역 안에서 우리를 이용할 권리가 있다고 여깁니다. 우리가 문을 닫아 놓으면 마귀는 하고 싶은 짓을 할 수가 없습니다.

성경은 창세기 4:7에서 하나님이 가인에게 말씀 하실 때 열린 문의 원칙을 가르치고 있습니다. **"네가 선을 행하면 어찌 낯을 들지 못하겠느냐 선을 행치 아니하면 죄가 문에 엎드리느니라 죄의 소원은 네게 있으나 너는 죄를 다스릴지니라"**

하나님은 가인에게 사탄이 가인의 삶 속에 뛰어 들기를 기다리며 그의 문 가까이서 웅크리고 있다고 말씀하셨습니다. 가인에게는 선택권이 있었으며 그가 시기의 문을 열기로 선택했기 때문에 사탄은 그를 동생 아벨을 살인하게끔 끌어갔습니다.

죄는 점진적입니다. 한 가지 죄가 다른 것으로 끌고 가며 우리는 급기야 큰 문제에 직면한 것을 알게 됩니다. 그렇기 때문에 우리는 무슨 해를 당하게 되기 전에 그 문들을 닫고 항상 막아 놓는 것을 배워야 합니다.

무엇이 열린 문들인가?

가계 (Lineage)

가족 혈통으로부터 이어받은 약점들을 우리는 자세히 조사해야 합니다. 우리 조상들이 우리는 전혀 모르게 저질렀을 행위가 아직까지 우리에게 영향을 줄 수 있습니다. 새긴 우상에 관한 첫 번째 계명이 이 경고를 담고 있습니다. **"그것들에게 절하지 말며 그것들을 섬기지 말라 나 여호와 너의 하나님은 질투하는 하나님인즉 나를 미워하는 자의 죄를 갚되 아비로부터 아들에게로 삼, 사대까지 이르게 하거니와"** (출애굽기 20:5) 뒤에서 이것을 좀 더 자세히 다루겠습니다. 당신이 이 경우에 해당된다 해도 이 문을 꼭 닫을 수 있도록 기도 예문을 참고하여 완전하게 대처할 수 있을 것입니다.

위기 (Crisis)

정서적 혹은 신체적 위기는 문을 열어놓을 수 있습니다. 그때는 꼭 우리가 돌아가서 문을 닫음으로 적이 우리 삶의 어려운 때에 지속적으로 우리를 괴롭히지 못하게 해야 합니다.

무지 (Ignorance)

말씀을 모르면 우리 방비에 허점을 드러낼 수 있으므로 치명적일 수 있습니다. 사도 바울은 믿음의 형제들에게 각 다른 편지 가운데 여섯 차

례나 경고를 합니다. 하나님의 말씀에 관해서 **"너희가 모르기를 내가 원치 아니하노니"**. 당신이 하나님의 자녀로서 당신의 권한을 알지 못하면 어떻게 스스로를 방어할 수 있겠습니까?

우리는 수없이 넘어졌다 일어나서 먼지를 털 후에 으레껏 이런 질문을 하게 됩니다. "어디서 이런 일이 연유되었을까? 왜 내게 이런 일이 일어나는가? 내가 구원 받았을 땐 이런 일들은 막아질 줄 알았는데. 이런 악순환을 끊기 위해 내가 무엇을 할 수 있단 말인가?"

하나님의 말씀으로 돌아가서 이런 질문들에 대한 답을 찾아보겠습니다.

전신갑주를 입으라

에베소서 6장이 첫 단계입니다. 10절~13절에 이르기를 **"종말로 너희가 주 안에서와 그 힘의 능력으로 강건하여지고 마귀의 궤계를 능히 대적하기 위하여 하나님의 전신갑주를 입으라 우리의 씨름은 혈과 육에 대한 것이 아니요 정사와 권세와 이 어두움의 세상 주관자들과 하늘에 있는 악의 영들에게 대함이라 그러므로 하나님의 전신갑주를 취하라 이는 악한 날에 너희가 능히 대적하고 모든 일을 행한 후에 서기 위함이라"**

당신의 적을 알아채십시오. 하나님의 갑주를 입으십시오. 혼자 자신을 원망하며 주저앉아 있지 마십시오. 당신이 꼭 해야 할 일을 시작하십시오. (어떤 방법으로 이 일을 할 것인지 뒷장에서 보여 드리겠습니다.)

우리가 싸우는 것은 우리의 인간성이 아닌 것을 우리는 알고 있습니다. 그것은 사탄과 그의 모든 추종자들입니다.

그러나 이런 사실로 실망하지 마십시오. 하나님은 야고보서 4:7에서 **"그런즉 너희는 하나님께 순복할지어다 마귀를 대적하라 그리하면 너희를 피하리라"**고 약속하셨습니다.

그 말씀에서 또 디모데 후서 2:15로 가면 다음과 같이 우리에게 가르쳐 주십니다. **"네가 진리의 말씀을 옳게 분변하며 부끄러울 것이 없는 일꾼으로 인정된 자로 자신을 하나님 앞에 드리기를 힘쓰라"** 우리가 하나님의 말씀에 근거하여 적과 싸우고 있음을 알 때에는 우리가 누구와 싸우고 있는지, 이기기 위해서 어떻게 해야 하는지, 그리고 누구의 권능으로 승리를 취할지에 대한 의구심을 갖지 않게 될 것입니다.

선지자 호세아는 이스라엘 백성들에게 경고했습니다. **"내 백성이 지식이 없으므로 망하는도다"**(호 4:6) : 이것이 기본입니다. 다른 것들에 귀를 열지 말고 대신에 하나님의 말씀을 들으십시오. 하나님 말씀을 설교하는 교회를 찾아 당신의 영이 양식을 먹도록 하십시오.

믿음이 열쇠이다

우리에게 그러한 교회가 필요한 이유는 **"그러므로 믿음은 들음에**

서 나며 들음은 그리스도의 말씀으로 말미암았느니라" 로마서 10:17 말씀대로이기 때문입니다. 우리가 말씀에서 떠날 수 없는 이유는 말씀은 우리 믿음의 모퉁이 돌이기 때문입니다. 우리의 능력의 근원은 주 예수 그리스도와 그 말씀에 대한 믿음입니다. 우리가 이 원칙을 충분히 이해하면 마태복음 18:18 말씀대로 실행할 수 있습니다. **"진실로 너희에게 이르노니 무엇이든지 너희가 땅에서 매면 하늘에서도 매일 것이요 무엇이든지 땅에서 풀면 하늘에서도 풀리리라. 진실로 다시 너희에게 이르노니 너희 중에 두 세 사람이 땅에서 합심하여 무엇이든지 구하면 하늘에 계신 내 아버지께서 저희를 위하여 이루게 하시리라"** 우리가 하나님의 말씀을 들음으로 우리의 믿음을 높일 때 하나님의 능력이 우리에게 주어지는 것을 알 수 있습니까? 우리가 이 공부를 해 나갈 때 예수의 이름으로 적을 결박하고 성령의 능력을 풀어내는 일의 중요성을 알게 될 것입니다. 이 말은 성령이 묶여 있어 풀을 필요가 있다는 의미는 아닙니다. 우리가 풀어드린다는 것은 성령께서 우리들의 인생에 대한 하나님의 뜻을 우리 안에 성취하시도록 그 분을 초청하고 마음껏 일하시도록 한다는 것입니다. 하나님은 우리가 원하는 만큼만 행하십니다. 우리의 의지적인 행동으로 우리가 자신을 그분께 열어드리면 하나님께서는 우리의 삶과 가정, 또 어느 상황에도 그분 보시기에 맞도록 자유롭게 일하실 수 있는 것입니다. 그러면 적병이 그 견고한 성으로부터 쫓겨나가고 잔해가 수리된 다음엔 다시는 그 영역에서 우리를 이용할 수 없도록 그 적을 멀리할 수 있습니다.

우리의 할 일

하나님이 모든 것을 다 해주시지 않는 것을 아십시오. 우리가 해야만 하는 부분이 있습니다. **"밤이 깊고 낮이 가까웠으니 그러므로 우리가 어두움의 일을 벗고 빛의 갑옷을 입자 낮에와 같이 단정히 행하고 방탕과 술 취하지 말며 음란과 호색하지 말며 쟁투와 시기하지 말고 오직 주 예수 그리스도로 옷입고 정욕을 위하여 육신의 일을 도모하지 말라"**(로마서 13:12~14).

긍정적 행동이 필요합니다. 깨어나고, 단정히 행하며 어두움의 일을 벗으십시오. 여기에서 바울이 당신이나 나 같은 믿음의 형제에게 편지를 쓰고 있다는 것을 기억하십시오. 그가 이교도들에게 쓰고 있는 것이 아닙니다. 이 성도들은 어두움의 일 가운데 있었습니다. 그들 중 몇몇은 그때까지 지난 것이나 좋아하는 죄에 매달려 있었습니다. 우리의 생활도 같은 경우라면 우리를 영적으로 끌어내리는 그러한 것들을 벗어 던져야만 합니다. 성령께 당신의 약한 부분이 무엇인지 가르쳐 주시도록 요청하고 주님의 도우심으로 그 부분을 바꾸기 시작하십시오.

그 다음엔 우리가 의복을 입는 것처럼 빛의 갑옷과 예수 그리스도로 옷을 입어야 하겠습니다. 육신적 열망과 육욕을 채우지 않겠다고 결심하지 않고는 당신의 하루를 시작하지 마십시오. 하나님을 거슬려 죄짓지 않도록 그리스도의 거룩하심으로 덧입으십시오. 그것은 의지력을 필요로 합니다. 그러나 우리가 행동하려는 의지를 보일 때 하나님은 제한

됨 없이 그분의 능력을 우리 삶 속에 부으시어 우리가 승리자가 되도록 하십니다.

강한 자

우리가 이 공부를 진행하는 동안 다루게 될 중요한 진리는 바로 이것입니다. **"사람이 먼저 강한 자를 결박하지 않고야 어떻게 그 강한 자의 집에 들어가 그 세간을 늑탈하겠느냐 결박한 후에야 그 집을 늑탈하리라"**(마 12:29).

"강한 자가 무장을 하고 자기 집을 지킬 때에는 그 소유가 안전하되 더 강한 자가 와서 저를 이길 때에는 저의 믿던 무장을 빼앗고 저의 재물을 나누느니라"(눅 11:21, 22).

누가? 무엇을? 어떻게?

위의 두 가지 유사한 성경 구절에서 예수님은 마귀의 존재를 강한 자라고 부르셨습니다. 누가 강한 자입니까? 그의 이름은 무엇이며? 그는 무엇을 합니까?

우리가 그런 질문들에 대한 답을 알면 마귀로 하여금 다시 와서 우리를 괴롭히지 못하도록 우리는 예수의 이름으로 마귀를 잡아 묶을 수 있습니다. 그 다음엔 마태복음 18:18절의 말씀대로, 우리는 하나님의 능력을 풀어 우리의 삶에 충만하게 하고 강한 자에 의해 헐어진 것을 고칩니다.

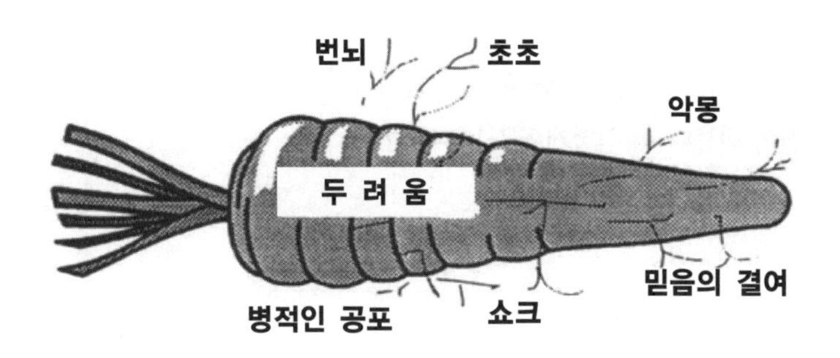

많은 시간을 소모하면서 세부적 원인들을 묶는 방법도 가능하긴 합니다. 그러나 치명적 타격은 우리가 그 본 뿌리, 말하자면 활동에 힘을 공급하는 강한 자를 끊어버릴 때 나타납니다. 우리가 처음에 그것을 적절하게 처리하지 않으면 문제는 다시 나타나고 피해자는 더욱 혼란스럽게 됩니다. 그것은 마치 당근과 같습니다. 잔뿌리들을 모두 뽑아내려고 몰두하지 말고 당근을 뽑으면 잔뿌리들은 같이 따라 나오고 수분이 모자라 곧 말라 죽게 됩니다.

전쟁에서 사령관이 항복을 하면 그가 거느리는 부하들은 모두 자동적으로 그와 함께 투항하게 됩니다. 영적 전쟁에서도 같은 원리가 적용됩니다. 예수님은 누가복음 11:24~26에서 이 문제에 대해 더욱 명확히 말씀해 주십니다.

"더러운 귀신이 사람에게서 나갔을 때에 물 없는 곳으로 다니며 쉬기를 구하되 얻지 못하고 이에 가로되 내가 나온 내 집으로 돌아 가리라 하고 와 보니 그 집이 소제되고 수리되었거늘 이에 가서 저보다 더 악한 귀신 일곱을 데리고 들어가서 거하니 그 사람의 나중 형편이 전보다 더 심하게 되느니라"

뒤처리

그 강한 자를 잡아 매고 모든 소속물과 함께 쫓아내도 그것으로는 충분치 않다는 것을 당신은 아십니까? 후속 조치가 필요합니다. 우리는 마귀에게 홀렸던 혹은 단지 괴로움을 당하는 경우이던 하나님이 주신 자유를 유지하는 법을 배워야 합니다. 이것은 우리로 하여금 그리스도인의 삶을 살면서 몇 번이나 계속적으로 똑같은 어려움을 당하지 않게 할 것입니다. 어떤 그리스도인들은 그들의 영적 생활에서 어느 선 이상의 한도를 결코 넘지 못하는 것 같습니다.

그들이 어떤 특정한 고지에 다다를 때마다 '무엇인지' 그들의 영적 다리를 걷어차서 다시 원점으로 주저앉게 하는 것 같습니다. 죄를 회개하고 사탄의 영향력을 거부함으로 '집'이 깨끗해진 후에는 우리 '집'이 성령의 전으로 변화되도록 우리는 말씀을 계속 먹어야만 합니다.

그리스도인들도 귀신들릴 수 있는가?

오해하지 마십시오. 귀신들이 어느 곳에나 또 누구에게나 있는 것은 아닙니다. 모든 것들이 귀신 때문에 원인이 되는 것도 아닙니다. 그러나 요점은 역사하는 것이 마귀의 영향 때문이면 우리가 알아챌 수 있고 또 그것은 하나님의 말씀에 따라 다루게 될 것이라는 것입니다.

우리는 그리스도인들이 귀신 들릴 수 있다고 믿지 않습니다. 그렇지만 그들의 마음, 의지, 정서 그리고 신체를 통해 공격을 당할 수 있습니다. 그들은 고난, 강요, 충격, 괴로움, 우울, 억눌림, 시달림을 받고 매이고 상처 입을 수 있습니다. 귀신 들린 최악의 상태이거나 귀신이 내재하는 사람들은 하나님과의 관계를 벌써 끊은 사람들입니다. 그들이 하나님과 어느 형태로 매달려 있는지 모르나 그것은 그들의 진실한 영적 상태를 감추는 빈 껍질일 뿐입니다.

이 영역의 문제점 중 많은 부분이 언어의 뜻을 다루는 것 일지라도, 이것에 대하여 하나님의 말씀은 실제로 어떻게 설명하시는지 분명한 원리는 명시할 필요가 있습니다.

다음은 우리로 하여금 보혈로 씻음 받은 신자들, 하나님 말씀대로 살고 전심으로 주님을 사랑하는 사람들은 귀신 들릴 수 없다고 믿게 하는 성경구절들입니다.

1. 마태복음 6:24 및 누가복음 16:13 **"한 사람이 두 주인을 섬기지**

못할 것이니 혹 이를 미워하며 저를 사랑하거나 혹 이를 중히 여기며 저를 경히 여김이라 너희가 하나님과 재물을 겸하여 섬기지 못하느니라"

재물은 이 구절에서 부자를 칭하는 것이 사실입니다. 그러나 우리의 생활을 다스리는 것은 하나님이거나 혹은 마귀이고 양쪽에서 동시에 할 수 없다는 원칙이 진리인 것입니다(재물은 아람마신으로서 부와 이득의 신입니다).

2. 야고보서 3:11, 12 **"샘이 한 구멍으로 어찌 단 물과 쓴 물을 내겠느뇨 내 형제들아 어찌 무화과나무가 감람열매를, 포도나무가 무화과를 맺겠느뇨 이와 같이 짠물이 단물을 내지 못하느니라"**

3. 고린도 전서 10:21 **"너희가 주의 잔과 귀신의 잔을 겸하여 마시지 못하고 주의 상과 귀신의 상에 겸하여 참예치 못하리라"**

이것은 주의 만찬에 관한 것이지만 하나님은 어떠한 경우에라도 우리를 마귀와 나누어 갖지 않으신다는 원칙을 볼 수가 있습니다.

4. 고린도 전서 3:16, 17 **"너희가 하나님의 성전인 것과 하나님의 성령이 너희 안에 거하시는 것을 알지 못하느뇨 누구든지 하나님의 성전을 더럽히면 하나님이 그 사람을 멸하시리라 하나님의 성전은 거룩하니 너희도 그러하니라"**

당신은 귀신들이 거룩한 하나님의 성전 안에서 뛰어 다니는 것을 상상할 수 있습니까? 저는 절대 상상할 수가 없습니다!

5. 고린도 전서 6:19 **"너희 몸은 너희가 하나님께로부터 받은바 너희 가운데 계신 성령의 전인 줄을 알지 못하느냐 너희는 너희의 것이 아니라"**

어떤 사람들은 어느 경우에는 귀신이 영은 침범하지 않고도 혼과 육을 장악할 수 있다고 믿습니다. 그러나 이 구절에서는 우리의 몸이 마귀의 것이 아니라 성령의 전이라고 말씀하십니다. 어떤 일이 있어도 우리는 귀신이 한 방 혹은 두 방에서 살고 하나님은 또 다른 방에서 사시는 공동주택이 아닙니다. 이것 아니면 저것일 뿐입니다.

6. 요한 일서 4:4 **"자녀들아 너희는 하나님께 속하였고 또 저희를 이기었나니 이는 너희 안에 계신 이가 세상에 있는 이보다 크심이라"**

사도 요한은 하나님이 우리 안에 거하신다면 마귀는 "세상에 있다"고 그 소재를 말해 줍니다. 귀신이 그리스도인을 홀릴 수 있는지 의문이 될 때 정작 따지는 것은 즉 하나님이 마귀보다 더 강하신가 아닌가 하는 것입니다. 만일 우리가 귀신이 하나님의 바로 그 성전을 장악할 수 있다고 믿는다면, 우리가 마음을 다하여 하나님을 섬길 때 하나님이 완전하게 우리를 보호하신다는 사실에 대한 믿음이 없는 것입니다.

7. 고린도 전서 2:12 **"우리가 세상의 영을 받지 아니하고 오직 하나님께로 온 영을 받았으니 이는 우리로 하여금 하나님께서 우리에게 은혜로 주신 것들을 알게 하려 하심이라"**

요한 일서 5:18 **"하나님께로서 난 자마다 범죄치 아니하는 줄을 우리가 아노라 하나님께로서 나신 자가 저를 지키시매 악한 자가 저를 만지지도 못하느니라"**

헬라어 동사인 "만지다(to touch)"의 의미는 - 동여매다, 매달리다, 부착시키다 - 입니다. 여기서 우리에게 말씀하는 것은 우리가 범죄하지 않는다면 마귀는 우리를 만질 권한도 없다는 것입니다.

어떤 그리스도인들은 육체의 일들이 귀신에게 장악되었을 때 기인한다고 잘못 생각하고 있습니다. 우리의 육체는 원하는 대로 살고자 하는 강한 욕구가 있습니다. 우리가 성령의 능력으로 그것을 제압하지 않으면 난동을 부릴 수 있습니다.

그런가 하면 어떤 사람들은 개인적으로 자신의 육체를 제어하기 보다는 귀신을 내쫓고 로마서 12:1에서 명하는 대로 그 육체를 희생 제물로 드리려고 합니다. **"그러므로 형제들아 내가 하나님의 모든 자비하심으로 너희를 권하노니 너희 몸을 하나님이 기뻐하시는 거룩한 산 제사로 드리라 이는 너희의 드릴 영적 예배니라"**

그 자녀들이 언제나 종 되어 사는 것은 하나님의 뜻이 아닙니다.

"그러므로 아들이 너희를 자유케 하면 너희가 참으로 자유하리

라" 요한복음 8:36. 이것이 우리가 시간을 내어 이 책을 공부를 하는 이유입니다. 우리는 하나님께서 대적을 이기고 완전한 자유를 가져다주신 것을 여러분이 알기 원합니다. 우리는 지옥의 권세가 우리나 우리의 가족들을 공격해 올 때 능히 그것을 이길 힘이 있습니다.

사도 바울

사도 바울은 돌리지 않고 직설적으로 말합니다. 그는 우리가 누구와 싸우는지 말해 줍니다. **"마귀의 궤계를 능히 대적하기 위하여 하나님의 전신갑주를 입으라"**(엡 6:11).

많은 사람들이 우리가 사는 때가 바로 마귀의 시대라거나 우리들의 영적 문제를 일으키는 부정적 영향에 대해 믿으려 합니다. 그래서는 안 됩니다. 우리는 그보다는 좀 더 확실히 해야 합니다. 우리는 적과 싸우고 있는 것이고 그 이름은 사탄입니다.

베드로

베드로는 마귀의 이름을 지칭했습니다. **"근신하라 깨어라 너희 대적 마귀가 우는 사자 같이 두루 다니며 삼킬 자를 찾나니 너희는 믿음을 굳게 하여 저를 대적하라"**(벧전 5:8, 9).

야고보

그러나 야고보는 **"마귀를 대적하라 그리하면 너희를 피하리라"**(약 4:7)고 우리에게 위로를 줍니다. 이것이 우리가 하나님 말씀의 권위를 가지고 행하고 예수의 이름을 부를 때 영적인 세계에서 일어나는 모습입니다. 사탄과 귀신들은 순복해야만 합니다. 그것들은 이 일에 선택의 여지가 없습니다! 우리가 하나님의 말씀에 따라 말하면 떨기 시작하다 달아납니다.

그러니 이제 이 공부를 할 때 명심하실 것은 당신이 마귀의 모든 악한 영향으로부터 놓임 받는 것이 하나님의 뜻이라는 것입니다. 하나님께서는 당신이 하나님이 그 자녀들을 위해 예비해 놓으신 모든 좋은 것들을 자유롭게 즐기기를 원하십니다. 하나님이 우리에게 약속하신 것들 몇 가지만 이름을 대자면, 구원, 화평, 기쁨, 강건함, 보호하심, 필요를 채워주심, 지혜 및 영생입니다. 하나님의 말씀 중 당신이 필요한 것을 취하여 당신의 삶 가운데 하나님이 주시는 가장 좋은 것을 다시는 빼앗기지 마시기 바랍니다.

고린도 후서 10:3~5을 기억하십시오. **"우리가 육체에 있어 행하나 육체대로 싸우지 아니하노니 우리의 싸우는 병기는 육체에 속한 것이 아니요 오직 하나님 앞에서 견고한 진을 파하는 강력이라 모든 이론을 파하며 하나님 아는 것을 대적하여 높아진 것을 다 파하고 모든 생각을 사로잡아 그리스도에게 복종케 하니"**

하나님의 말씀을 공부하는 중에 우리는 강한 자가(마귀) 적어도 열여섯 가지의 이름 또는 형태로 언급된 것을 찾아내었습니다. 이제 그들을 하나하나 공부할 것이고 그들의 징조를 나무도면을 통해 보여 드리겠고 또 그들이 어떻게 역사하는지도 보여 드리겠습니다.

의사가 환자에게 제시한 증상을 꼭 집어 진단하듯이 당신도 강한 자의 징조나 현상 혹은 작은 영들을 인지함으로써 마귀가 어디에서 오는지 명확하게 알 수 있습니다. 그러면 당신이 적으로부터 공격을 당할 때 어둠 속에서 헤매는 대신, 누가 당신이나 당신 가족들을 괴롭히는지 또 어떻게 성경의 가르침대로 그것에 대항하고 몰아낼지를 즉시 알게 될 것입니다.

MEMO

MEMO

시기의 영

민수기 5:14

마태복음 18:18에 의하면…

매다 : 시기의 영
풀다 : 하나님의 사랑
고전 13; 엡 5:2

제1장

의심 - 시기의 영 (Sprit of Jealousy)

교만과 함께 시기(Jealousy)는 우주에서 아마 가장 오래 된 죄 일 것입니다. 그것들은 우리가 아는 지금의 지구가 창조되기 전에 생겨났습니다.

루시퍼는 완전하고 아름다웠습니다. 그리고 하나님의 피조물 중에서는 제일 높은 자리에 있었지만, 그는 하나님을 질투하게 되었습니다. 시기는 민수기 5:14에 그 명칭이 언급되어 있습니다. **"너 아침의 아들 계명성이여… 네가 네 마음에 이르기를 내가 하늘에 올라 하나님의 뭇별 위에 나의 보좌를 높이리라… 지극히 높은 자와 비기리라 하도다"**(사 14:12~14, 겔 28:12~19). 루시퍼는 그의 거역 때문에 현재의 그의 형태인 어두움의 지배자 사탄이 되어 하늘에서 쫓겨났습니다.

그 후에 하나님은 현재의 세상을 창조하시고 아담과 하와를 에덴동산에 두셨습니다. 그분은 매일 세상의 첫 부부인 아담과 이브와 교제하기를 바라셨습니다. 사탄이 끼어들기까지는 아름다운 사랑과 연합의 분위기가 동산에 넘쳤습니다.

아담과 하와는 하나님과의 교제의 언약을 깨고 죄를 지었습니다. 그리고 곧 동산 밖의 다른 환경 속에 적응해야만 했습니다. 삶은 육체의 연약성(자연체질), 고통, 가시덤불과 엉겅퀴들에 대항하는 힘든 싸움이었습니다(창 3:18).

사탄은 인간을 타락시켜 그 방법으로 세상의 지배권을 되찾았습니다. 사탄은 그가 대 환란 후에 끝 모를 음부로 던져질 때까지 자기와 협력하는 동조자들을 통하여 그의 권한을 계속하여 행사할 것입니다. 하지만 결국 그는 그의 마지막 도착지인 불 못으로 던져질 것입니다(계 20:1~14).

시기심이 불러온 살인

성경은 두 번이나 가인이 **"심히 분하여 안색이 변하니"**(창 4:5, 6)라고 적고 있습니다. 하나님에게 더 인정받는 아벨에 대한 시기심으로 말미암아 가인은 결국 동생 아벨을 죽였습니다. 시기로 인하여 자기의 분노를 참지 못하는 사람들은 시기의 영(강한 자)에게 자신들을 열어 놓고 있습니다. 교도소는 살인자들, 아내를 때리는 사람들 또 아동 학대자들로 꽉 차있습니다. 분노가 그들을 정상 한계를 넘어서도록까지 밀어 넣은 것입니다. "내가 왜 그랬는지 모르겠습니다"라고 하는 말이 그들로부터 법을 집행하는 경찰관들이 흔히 듣는 말입니다.

요셉의 경우

요셉의 이야기는 어떻게 시기의 영이 음흉하게 일하는지 한층 더 잘 보여줍니다. **"요셉은 노년에 얻은 아들이므로 이스라엘이 여러 아들보다 그를 깊이 사랑하여 위하여 채색 옷을 지었더니 그 형들이 아비가 형제들보다 그를 사랑함을 보고 그를 미워하여 그에게 언사가 불평하였더라… 그 형들이 그에게 이르되 네가 참으로 우리의 왕이 되겠느냐 참으로 우리를 다스리게 되겠느냐 하고 그 꿈과 그 말을 인하여 그를 더욱 미워하더니"**(창 37:3, 4, 8).

요셉은 그 당시의 전통으로는 상속자로 표시되어지는 채색 옷을 입고 있었습니다. 그의 열 명의 형들은 이것의 의미를 알았기에 시기심과 미워함 그리고 살인하는 생각까지 일어나게 했습니다. 형들은 요셉을 몹시 사랑하는 아버지 야곱의 상속자로서 자기들은 밀려나게 된다는 생각과 또한 요셉이 자기들이 '섬기는 자가 된다'는 요셉의 꾼 꿈들은 형들의 시기심을 불러 일으켰습니다. 르우벤과 유다만을 빼고 다른 형제들은 요셉을 죽이고자 했지만 유다의 권고로 요셉을 제일 먼저 지나간 낙타대상(camel caravan)에게 팔아 버렸습니다.

원수 갚음 (Revenge)

원수 갚음은 또 하나의 **시기의 영(강한 자)**을 나타내는 것입니다. 이스라엘이 그의 다른 아들보다 요셉을 더 사랑하는 것이 옳지 않았던 것은 사실입니다. 그러나 그렇다고 그 형들에게 요셉을 무자비하게 대할 어떤 권한이 주어진 것은 아닙니다. 이 비극 가운데 통탄할 요인은 요셉의 형들이 이 일을 다 결국 동조한 것이나 다름이 없다는 것입니다. **그러나 그들은 결국에 "… 원수 갚는 것이 내게 있으니 내가 갚으리라고 주께서 말씀 하시니라"** 하신 뜻을 알게 되었습니다. 공의로운 하나님이 판단하실 때 모든 일이 바르게 정리됩니다.

그는 몇 년 기다려야 하기는 했습니다만, 요셉은 자기 형들에게 손가락 하나 움직일 필요가 없었습니다.

믿는 사람들은 하나님께서 그분의 지혜와 적절한 시기대로 선별하시도록 맡길 수 있는 믿음과 신뢰를 항상 가져야 합니다.

형들은 그들이 정말 꿈에도 상상치 못할 정도로 그 시기심과 원수 갚음에 대해 값을 치렀습니다. 그들이 요셉이 죽었다고 야곱을 확신시켰어도 자기 아버지가 요셉을 기억하며 밤낮으로 슬퍼하는 소리를 그들은 아마 들었을 것입니다. 그들은 요셉을 정말 치워버렸다고 생각했습니다. 하지만 시기, 미움, 원수 갚음으로는 믿고 바라는 대로 절대 성취할 수 없었습니다. 마침내 형들은 그들의 원래 문제로 돌아오게 되었고 그들이 엄청난 잘못을 저질렀음을 시인하게 되었습니다.

애굽의 총리가 된 요셉은 자기 형들이 애굽에 곡물을 구하러 왔을 때 그들을 가두고 쉽게 풀어주지 않은 것은 마음은 아팠지만 그의 동기가 원수 갚으려는 것이 아니었다는 것을 보여주는 것에 유의하십시오. 그는 그의 열 명의 형들이 꼭 배워야 할 교훈을 결코 잊지 않도록 확실히 하기 위한 하나님 손안에 있는 도구였을 뿐입니다.

"내 사랑하는 자들아 너희가 친히 원수를 갚지 말고 하나님의 진노하심에 맡기라 기록되었으되 원수 갚는 것이 내게 있으니 내가 갚으리라고 주께서 말씀하시니라 네 원수가 주리거든 먹이고 목마르거든 마시게 하라 그리함으로 네가 숯불을 그 머리에 쌓아 놓으리라 악에게 지지 말고 선으로 악을 이기라"(롬 12:19~21).*

하나님의 방법으로 하는 것이 아름다운 것은 바로 그것입니다. 원한, 시기, 미움의 짐을 지고 다니는 대신에 모든 것을 하나님께 맡기고 그분이 어떻게 다루시는지 관망할 수 있습니다.

개인적으로, 이런 하나님의 법을 따랐을 때, 나는 수년 동안 흥미로운 일들이 일어나는 것을 보았습니다. 질투와 시기 때문에 마음을 상하게 하고 악의에 찬 일을 하며 나를 괴롭혔던 사람들은 하나님의 손으로 무릎을 꿇게 되었고 그들의 잘못을 시인하게 되었습니다. 결국 내가 무고함을 입증했을 뿐 아니라 강한 자가 깨뜨리려고 한 친구 관계도 다시 회복할 수 있게 되었습니다. 이것이 선으로 악을 이기는 것입니다.

경쟁 (competition)

스포츠 경기장이나 사업에서나, 오늘의 치열한 경쟁 속에 대부분 지나쳐 가는 시기의 영의 증세는 비정상적인 경쟁의 태도입니다. 우리들이 목표를 향해서 우리에게 부과된 일은 무엇이든지 잘 해내려고 분투해야 하는 것은 사실입니다. 문제는 남을 앞서려는 노력이 우리를 비정상적 방법으로 몰고 갈 때입니다. 가인과 아벨 그리고 요셉과 그의 열 형제들의 경우는 이 경쟁심이 너무 지나쳤습니다.

같은 태도가 요즈음 운동선수들 가운데도 있습니다. 그들은 상대방 선수를 다치게 해서라도 자기 팀이 이기도록 합니다. 말하기를 “이기는 것은 중요한 것이 아니라… 그것은 모든 것이다” 이 말은 성과 위주의 사람들이 좋아하는 구절이나, 그들은 자기도 모르게 끌려 들어가는 위험성에 빠져 있습니다.

나는 고등학교 시절의 한 농구 경기가 기억나는데, 우리 학교 팀이 초반에 뒤지고 있었습니다. 경기가 거의 끝날 무렵에 우리 측 선수 하나가 신들린 것처럼 경기를 하면서 우리 팀을 못 믿을 만큼 상대를 따라잡게 하여 몇 점으로 차이를 줄여 놓았습니다. 그러나 이길 수는 없었습니다. 경기를 마치는 시계가 “똑딱, 똑딱”하며 초를 다투었고 드디어 경기 종료의 버저가 울렸습니다. 이때 그 경기에서 가장 활약했던 우리 측 선수가 마음속에 참았던 울분을 드러내고 상대방 우수 선수에게 덤벼들어 얼굴을 때려 KO를 시켰습니다. 관중들은 그렇게 도발적이고 악의에 찬 공격에 너무 놀라 아무 말도 하지 못할 정도였습니다. 관계자들이 재빠르게 가해자를 떨어진 곳으로 데려가자 그는 진정할 수 있었습니다.

사람들은 후에 그 사고 경위는 그 선수가 너무 승부에 집착해서 순간적으로 이성을 잃은 것이고 따라서 그가 그의 행동에 전적으로 책임이 있다고는 생각지 않았습니다. 엄마 아빠들이 리틀 리그(Little

League)에 속한 아이들에게 조차 이기기 위해서는 무슨 수라도 써서 승리를 잡아채도록 경쟁 심리를 주입시키는 것은 서글픈 일입니다.

배우 제임스 칸(James Caan)은 이렇게 공개하며 경쟁의 세계 속의 모습을 슬쩍 보여줍니다. "… 그는 항상 승자가 되려는 욕구에 의하여 끌려 왔다. '나는 너무 심하게 경쟁을 하니까 내 친구들이 재미를 잃어버려요'라고 그는 말했고 '내 친구들은 왜 내가 긴장을 풀 수 없는지, 왜 또 농구, 테니스 혹은 다른 경기에서 그냥 친선 경기를 못하는지 이해할 수 없어해요.'라고도 했다. 글쎄, 난 그렇게 되질 않아요. 경기를 한다면 나는 이기려고 합니다. 내 결의가 누구라도 겁나게 하지요. 피터 포크(Peter Falk)가 내게 대해 말하며, '그 친구는 돌았어. 당신은 그에게 긴장을 풀라고… 여기는 올림픽이 아니라고 말해야 됩니다.'라고 했지요"

정말 이러한 경쟁심이 비극적인 결과를 자아내며 인생의 다른 관계에까지 흘러 들어갈 수 있다는 것을 생각해 보십시오. 당신은 경기와 언쟁에 절대 지기 싫어하는 사람과 결혼해서 사는 것을 상상해 볼 수 있습니까? 그가 아무리 매력적일지라도 말입니다.

묘판 (Seedbeds)

시기의 영이 어떻게 우리 생활 속으로 들어 올 수 있습니까? 여기 몇 가지 육신적인 문제들이 작은 싹에서 자라 전면적인 것으로 커질 수

있습니다: 욕심, 질투, 논쟁, 다툼, 미워함, 당을 지음, 시기와 분노들입니다. 이것들은 조심하지 않으면 우리 삶 가운데에서 자라나기 시작하는 아주 지독한 묘목입니다. 그것들은 뿌리 채 뽑지 않으면 점점 자라서 그 개인을 엄청난 정도로 지배하게 됩니다.

사탄이 이러한 죄에 취약함이 있는 개인이 그런 매임이 있으면 그의 약점을 이용하라고 특정한 **강한 자(시기의 영)**에게 지시 합니다. 이 매임에서 풀려 나오려면 그 사람은 초자연적 도움이 필요합니다.

이러한 증상이 우리 생활에서 작용하는 것을 알았을 때는 예수의 이름으로 행동을 취하여 그것들이 더 크게 주도권을 잡지 못하도록 하는 것이 필수적입니다.

하나님의 사랑만이 시기와 나머지 관련된 일들에 대하여 효율적으로 억제하는 힘이 됩니다.

"미움은 다툼을 일으켜도 사랑은 모든 허물을 가리우느니라"(잠 10:12).

"그리스도께서 너희를 사랑하신 것 같이 너희도 사랑 가운데서 행하라 그는 우리를 위하여 자신을 버리사 향기로운 제물과 생축으로 하나님께 드리셨느니라"(엡 5:2).

영적인 문제를 알게 될 때 우리는 예수의 이름으로 그것을 매고 그 자리에 그리스도의 사랑을 풉니다. 그러면서 우리는 그 문제로 되돌아가려 하는 것에 지속적으로 저항하며 살아야 합니다. 당신이 성경을 근거로 하여 대항하며, 그 특정한 생활 방식은 단호하게 던져 버렸다는 것을 그에게 증거 할 때까지 강한 자는 항상 되돌아 오려고 노력하는 것을 알아야 합니다.

기도

하나님의 용서를 구하는 것으로 시작하십시오.

아버지 저는 예수의 이름으로 당신 앞에 나옵니다. 저는 시기의 영의 공격에 내 자신을 열어 놓고 있던 것을 인정합니다. 용서하시고 당신이 기뻐하는 삶을 살도록 도와주십시오.

사탄아! 마태복음 18:18에서 **'무엇이든지 너희가 땅에서 매면 하늘에서도 매일 것이요'**라고 말씀하신 것에 따라 나는 예수의 이름으로 너의 시기의 영을 묶노라. 내 삶 속에 네가 시기의 영을 통해서 들어 올 문이 더 이상 열려 있지 않다.

주님 마귀의 세력을 이길 자유를 주심을 감사합니다. 마태복음 18:18에서 **'무엇이든지 땅에서 풀면 하늘에서도 풀리리라'**고 약속하신 말씀에 따라 나는 하나님의 사랑이 나를 온전히 채우사 내가 '… 선으로 악을 이길 수 있도록' 내 삶 속에 하나님의 사랑을 풉니다. 주님의 말씀을 충실하게 읽도록 도와주옵소서. 저의 기도를 들으시고 응답하심을 감사드립니다. 아멘.

새 계명을 너희에게 주노니 서로 사랑하라
내가 너희를 사랑한 것 같이 너희도 서로 사랑하라
요한복음 13:34

MEMO

거짓말하는 영

역대하 18:22

마태복음 18:18에 의하면…

매다 : 거짓말하는 영
풀다 : 진리의 영(예수그리스도)
요 14:17; 15:26; 16:13

제2장

거짓말하는 영 (Lying Spirit)

하나님은 불변하신 분입니다. 그분은 언제나 그랬듯이 동일하십니다. **"예수 그리스도는 어제나 오늘이나 영원토록 동일 하시니라"**(히 13:8).

성경과 그 증거의 형평성은 하나님께서 언제나 진리를 말씀하신다고 결론적으로 보여줍니다. 하나님은 결코 거짓말을 하신 적이 없고 앞으로도 절대 안 하실 것입니다.

사탄은 능숙한 거짓말쟁이이고 사실 거짓말의 창시자이기도 합니다.

몇몇 성경 구절에서는 주님께서 거짓말하는 영이나 혹은 강한 자와 협력하시는 것같이 보입니다. 이러한 분명한 모순의 이유는 하나님은 오직 단계적으로 수세기에 걸쳐 인간들에게 자신을 계시해 주셨기 때문입니다. 하나님을 좀 더 완전하게 알지 못함으로 구약 성경에는 많은 경우에 실제로는 마귀의 행위였는데도 하나님의 탓으로 당시 사람들은 말하고 있습니다. 지금 우리가 이것을 알게 된 것은 신약성경이 좀 더 많은 것을 밝혀 주기 때문입니다.

예수님 때에도 이스라엘 지도자들의 무식함이 명백하여 예수님이 마귀를 쫓아내는 방법도 비평하였습니다. 바리새인들이 마태복음 12:24에서 **"… 이가 귀신의 왕 바알세불을 힘입지 않고는 귀신을 쫓아내지 못하느니라 하거늘"** 하고 말할 때 예수님은 이렇게 대답하셨습니다. **"사탄이 만일 사탄을 쫓아내면 스스로 분쟁하는 것이니… 그러나 내가 하나님의 성령을 힘입어 귀신을 쫓아내는 것이면 하나님의 나라가 이미 너희에게 임하였느니라"**(마 12:26, 28). 나아가서 그들에게 성령의 하시는 일을 마귀에게 돌리는 것은 사하심을 얻지 못하리라 하고 경고하십니다(마 12:31, 32).

따라서 영적인 세계에서 **하나님이 일 하시는 영역(God's area of operation)**이 무엇인지를 명확하게 아는 것은 마귀의 활동 영역을 아는 것만큼 꼭 필수적입니다.

거짓 예언자

이 말을 염두에 두고, 하나님 말씀 중에서 거짓말하는 영을 가리키는 출처 중 한군데를 보겠습니다. **"한 영이 나아와 여호와 앞에 서서 말하되 내가 저를 꾀이겠나이다 여호와께서 저에게 이르시되 어떻게 하겠느냐 가로되 내가 나가서 거짓말하는 영이 되어 그 모든 선지자의 입에 있겠나이다 여호와께서 가라사대 너는 꼬이겠고 또 이루리라 나가서 그리하라 하셨은즉 이제 여호와께서 거짓말하는 영을 왕의 이 모든 선지자의 입에 넣으셨고 또 여호와께서 왕에게 대하여 화를 말씀하셨나이다"**(대하 18:20~22).

실제로 여기서 무슨 얘기들을 하고 있습니까? 진리 되시는 하나님이 누구의 입에 거짓말하는 영을 넣으셨겠습니까? 아닙니다. 아니지요. 그분이 그리하셨다면 그분은 더 이상 진리이실 수 없습니다.

거기서 실제로 일어났던 것은 아합왕의 예언자들이 하나님이 원하시는 대로 예언하는 대신에 왕이 자기들이 말해주기 바랄 것이라고 생각되는 것을 왕에게 말한 것입니다. 그래서 하나님은 조금 물러나시어 그들이 계속해 거짓말을 하도록 그냥 허락하신 것입니다.

하나님은 아직도 인간을 이런 방식으로 다루십니다. 우리는 자유로운 인간입니다. 우리가 하나님께 순종치 않기로 하면 그분은 억지로 하게 하시지 않습니다.

사탄 - 모든 거짓의 아비

예수님은 바리새인들에게 다음과 같이 말씀하실 때 모든 거짓말의 근원을 우리에게 일러 주셨습니다. **"너희는 너희 아비 마귀에게서 났으니 너희 아비의 욕심을 너희도 행하고자 하느니라 저는 처음부터 살인한 자요 진리가 그 속에 없으므로 진리에 서지 못하고 거짓을 말할 때마다 제 것으로 말하나니 이는 저가 거짓말쟁이요 거짓의 아비가 되었음이니라"**(요 8:44).

거짓말하는 사람이라도 누구나 다 거짓말하는 영에게 사로잡힌 것이 아님을 강조하고 싶습니다. 그러나 한마디 한마디 거짓말은 그러한 상태로 옮겨가는 한 단계 한 단계가 될 수 있습니다. 우리는 본인들도 어쩔 수 없는 거짓말쟁이들을 알고 있습니다. 그러나 그들은 하룻밤 사이에 그런 상태로 된 것이 아니고 상당 기간에 걸쳐 그렇게 된 것입니다.

거짓말하는 영들이 관련된 몇 가지 예는 망령되고 허탄한 신화, 미신, 수군수군하거나 흉을 보는 것, 거짓 예언자나 선생, 강한 미혹 또는 속임수, 그리고 물론 거짓말 등입니다.

미신 (superstitions)

우리의 현대 세대에 사는 사람들이 자기들 앞으로 지나가는 검은 고양이, 사다리 밑으로 걷는 것, 거울을 깨면 칠 년 동안 재수가 없다는 것, 불운의 금요일 13일(한국인들은 사주, 관상, 손 없는 날) 등에 의해 아직도 영향을 받는 것은 놀라운 일입니다.

그러나 하나님의 말씀은 성경에서 계시하는 대로 하나님의 뜻을 순종하며 따라가는 믿는 자들에게는 행운이든 불운이든 '운'이라는 것은 없다는 확실한 증거를 주십니다. 우리들이 필요한 것을 공급 받는 것은 운이 좋아서나 불행해서가 아니고 **"… 그리스도 예수 안에서 영광 가운데 그 풍성한 대로"**(빌 4:19) 하나님이 예비하시기 때문입니다.

다윗도 이렇게 밝혔습니다. **"여호와께서 사람의 걸음을 정하시고 그 길을 기뻐하시나니저는 넘어지나 아주 엎드러지지 아니함은 여호와께서 손으로 붙드심이로다 내가 어려서부터 늙기까지 의인이 버림을 당하거나 그 자손이 걸식함을 보지 못하였도다"**(시 37:23~25).

잠언에도 이런 말씀이 있습니다 **"너는 창졸간의 두려움이나 악인의 멸망이 임할 때나 두려워하지 말라"** 우리는 재난의 불운을 두려워하지 않습니다. **"대저 여호와는 너의 의지할 자이시라 네발을 지켜 걸리지 않게 하시리라"**(잠 3:25, 26).

하나님의 자녀가 인생행로에서 운이 나빠 우연히 불행에 부딪칠 수도 있다고 믿는다면 그 사람은 그를 돌보시는 하나님의 능력을 의심할 뿐만 아니라 마귀의 거짓말을 믿는 것입니다. **"우리가 알거니와 하나님을 사랑하는 자 곧 그 뜻대로 부르심을 입은 자들에게는 모든 것이 합력하여 선을 이루느니라"**(롬 8:28).

사도 바울은 디모데에게 이렇게 권면합니다. **"망령되고 허탄한 신화를 버리고 오직 경건에 이르기를 연습하라"**(딤전 4:7).

그렇습니다. 우리는 사탄의 거짓말을 거부할 수 있습니다. 절대 그들을 믿지 마십시오. **"… 너희 생명이 그리스도와 함께 하나님 안에 감추어졌음이니라"**(골 3:3). 어리석은 고양이가 당신 앞을 지나간다고 당신의 하루를 망칠 수는 없습니다. 실은 그 가련한 고양이가 오히려 조심하지 않으면, 누군가가 꼬리를 밟아서 불운으로 고생하게 될지 모릅니다.

수군거림 (gossiping)

수군수군하거나 험담을 하는 것은 사도 바울이 로마서 1:30에서 일컫는 것처럼 거짓말의 가장 나쁜(마귀 짓) 한 형태입니다. 그것은 그 자리에 있지 않아 자기방어를 못하는 죄 없는 피해자에게 상처를 주고, 손상시키며 또 파괴합니다.

총을 들어 사람을 쏘는 것은 절대 하지 않을 사람들이 치명적 가십(gossip) 공세로 인신공격하는 행위는 아무렇지도 않게 생각합니다.

그리스도인들은 **세계에서 유일하게 자기편 부상자를 죽이는 군인들이라는 말이 있습니다.**

만약 퍼트리는 말들이 사실이라도 우리는 다른 사람들에게 그것을 퍼트릴 권한이 없습니다(현행 대한민국 형법상도 명예훼손죄에 해당됨 역자주). 마태복음 12:36에 예수님이 **"… 무슨 무익한 말을 하든지 심판 날에 이에 대하여 심문을 받으리라"** 말씀하셨습니다.

하나님의 자녀들이 마귀의 거짓말을 퍼트리기 위해 확성기가 된다면 참으로 수치스런 짓입니다. 우리는 주변 사람(사역자)의 사역이 거짓말 밖에 없는 추한 소문으로 아주 넘어지든가, 교회 성장이 줄어드는 것을 수없이 보지 않았습니까?

몸 된 교회가 이런 식으로 자신을 먹는다면 그것은 실제로 영적인 식인행위입니다. 당신은 누가 이 모든 일 배후에 있다고 생각하십니까? 당신의 추측대로 거짓말쟁이들의 늙은 할아비인 마귀입니다. 그는 하나님의 사람들의 신망을 없애고 훼손하기를 원합니다.

수군수군하는 것은 단지 성격 결함이 아닙니다. 그것은 한 사람을 사로잡아 그 자신 그런 일하는 것이 아주 싫은데도 멈출 수가 없게 합니다. 그는 **거짓말하는 강한 자**에게 꽉 잡혀있어 상습적으로 수군수군 하는 사람이 되었습니다.

사도 바울은 이렇게 권면합니다. **"… 무엇에든지 참되며… 경건하며… 옳으며… 정결하며… 사랑할만하며… 칭찬할만하며 무슨 덕이 있든지 무슨 기림이 있든지 이것들을 생각하라"**(빌 4:8). 이 말씀을 그리스도인들의 말의 태도에 관하여 해석한다면, **"단지 너희는 경건하고, 옳으며, 정결하고, 칭찬할만한 것들을 말하라"**고 그리스도인들에게 말씀하십니다.

거짓 선생 (False Teachers)

사도 베드로는 잘못된 교리를 만들어 사람들로 하여금 자기들이 선호하는 방법대로 받들게 한 거짓 선지자와 거짓 선생들에 대한 언급을 합니다. 그들의 가르침은 사탄의 거짓말에 지나지 않습니다. **"그러나 민간에 또한 거짓 선지자들이 일어났었나니 이와 같이 너희 중에도 거짓 선생들이 있으리라 저희는 멸망케 할 이단을 가만히 끌어들여 자기들을 사신 주를 부인하고 임박한 멸망을 스스로 취하는 자들이라 여럿이 저희 호색하는 것을 좇으리니…"**(벧후 2:1~2).

우리들이 이런 속임수를 깨달아 알려면 **하나님의 말씀을 최상의 권위(The Word of God has to be the final authority)**에 두어야 합니다. 우리는 거짓 선생들이나 선지자들의 거짓 능력이나 그들이 보여주는 무슨 놀라울 것 같은 일들에 의해서 마음이 흔들리며 이용당하는 것을 허용할 수는 없습니다.

그러한 것이 적 그리스도와 거짓 선지자들의 대단한 매력 중 하나일 것입니다. 말 잘하는 설교자에게 하나님 말씀만 하게 하던가 아니면 주머니에 돈이 들어가지 않도록 하십시오. 믿는 사람들은 깨어 정신을 차려서 이런 사탄의 대리인들에게 자금 지원을 하지 말아야 할 필요가 있습니다.

속임과 유혹 (Deceptions and Delusions)

우리들이 매우 신중해야 하는 이유는 우리가 살고 있는 이 세대의 마지막 때에는 속임수와 유혹들이 판을 칠 것이기 때문입니다. 바울은 **"… 굳게 서서 말로나 우리 편지로 가르침을 받은 유전을 지키라"**(살후 2:15)고 말씀 합니다.

남미에 있는 우리가 소속된 큰 개신 교회들 중 하나에서, 극히 주의하지 않으면, 교활한 거짓말하는 영이 어떻게 교회 일에 끼어 들어올 수 있는지를 우리에게 알 기회를 주었습니다. 이 교회는 우리가 그때까지 알기로 주님의 뜻으로 이룩한 가장 크게 성장하고 성공한 교회였습니다. 그리고 이 사건에는 세운지 얼마 안 되는 이 교회의 가장 중요한 지도자들이 관련되어 있었습니다.

남미교회들(Latin American churches)의 흥미로운 집회 중 하나는 그들이 말하는 철야기도와 찬양집회(vigilias)입니다. 남미 개신교회들은 년 중 매일 밤 예배가 있었으므로 새 신자 몇 사람이 와서 우리도 "철야 기도회"를 매주 하자고 제안을 해 왔을 때 그다지 끌리지는 않았습니다. 우리들의 행사 계획은 이미 세 군데 교회에서 매일 저녁 예배를, TV와 라디오 프로 그리고 대형 교회 건물 공사 감독 등으로 이미 꽉 차 있어 매주 24~36시간씩 잠을 못 자고 진행하는 것은 하나님을 시험하는 일이 되리라는 것을 알았습니다. 그뿐 아니라 사람들은 매일 밤 정규 예배에 참석하므로 잘들 하고 있는 줄 알았습니다.

그러나 새 신자들에게 주님께 기도하고 찬양할 수 없다고 말하기는 어려워서 나는 그들이 하는 모든 일 가운데 충실하게 말씀대로 한다면 철야 집회를 허락할 것이라고 지시했습니다.

몇 주 후에 철야 집회에서 일어나는 활동에 대한 이상한 소문이 들리기 시작했습니다. 내가 가장 신뢰하는 한 부인이 즉흥적으로 예언을 하고 있었습니다. 지진에 대한 예언도 하며 코스타리카가 파괴될 것이라고 했으나 말했던 대로 되지 않았습니다. 그들은 또 죽은 후 일 년 동안 묻혀 있었고 믿지 않고 죽었던 나이 든 여인을 죽음에서 살리라는 명도 받았다고 했습니다.

출발은 좋았으나 거짓말하는 영을 그들의 집회에서 활동할 수 있게 놓아두었다는 것이 조사한 지 얼마 안 되어 드러났습니다. 집회 인도자는 그의 거짓 예언의 권세를 즐기고 있었습니다. 교만이 그녀로 하여금 그의 예언이 하나님 말씀과 더 이상 부합되지 않는다는 사실을 보지 못하게 했습니다.

하나님의 도우심으로 우리는 어려운 상황을 잘 해결하였고 우리는 하나님께 영광을 돌렸습니다. 새 신자들은 마음에 좀 상처를 입는 체험을 했지만 한없이 지혜로워졌습니다. 또한 교회를 파멸시키려는 사탄의 목표는 끝이 났습니다.

하나님은 진리이심

모든 이런 것들의 핵심은 **하나님의 영은 언제나 하나님 말씀이 이미 알려 주신 것에 따라서만 말씀하신다는 것입니다. 기록된 하나님 말씀과 상반되는 하나님의 예언은 있을 수 없을 것입니다. 두 번째로 하나님의 선지자들의 예언은 언제나 100% 맞습니다. 세 번째로 하나님의 예언은 그것을 주기 위해 사용하신 사람이 아닌 하나님 이름을 영광되게 또 높이게 합니다.** 예언자나 예언이 이러한 근본적 요구사항을 충족하지 못한 때는 예언자는 자기 자신의 영으로부터 말하거나 그렇지 않으면 거짓말하는 영이 어디인가 사주하고 있는 것입니다. 단지 세 가지 영(하나님의 영, 인간의 영, 또는 마귀의 영)만이 예언에 관련될 수 있습니다.

우리는 하나님 영을 따르고 있기 때문에 진리와 직접 연결되는 통로를 확보할 특권이 있습니다. 나머지 세상(하나님이 다스리는 세상이 아닌)이 사탄의 거짓말에 속아 지옥으로 가는 길에서 눈이 멀어 있을 때,

진리가 우리를 자유롭게 하였기 때문에 예수님을 따라 우리는 천국으로 갈 수 있습니다.

"진리를 알지니 진리가 너희를 자유케 하리라"(요 8:32).

"그러하나 진리의 성령이 오시면 그가 너희를 모든 진리 가운데로 인도하시리니 그가 자의로 말하지 않고 오직 듣는 것을 말하시며 장래 일을 너희에게 알리시리라 그가 내 영광을 나타내리니 내 것을 가지고 너희에게 알리겠음이니라"(요 16:13, 14).

하나님의 말씀은 우리에게 권능을 주심

이제 우리는 마귀가 마음에 불어 넣은 거짓말을 믿었던 자신을 위하여 하나님께 용서를 구해야 합니다. 거짓말하는 강한 자(거짓말 하는 영)는 그리스도인에게 또는 그의 부인이거나 남편, 믿음의 형제 혹은 함께하는 사람들에 관하여 악의적인 거짓말을 해왔습니다. 거짓말 하는 영은 거짓 예언으로 믿음이 약한 자들에게 '암과 같은 고칠 수 없는 병에 걸렸다'고 말하는 등 임박한 재난을 눈앞에 흔들며 끊임없는 공포의 상태에 그들을 가두어 놓습니다. 믿음이 약한 사람은 단지 그러한 거짓말을 믿은 탓에 불안한 마음을 진정시키기 위해 약을 먹을 수밖에 없습니다.

우리는 이것이 우리가 하나님과 그 말씀을 의심한다는 표징이라고 생각합니다. 그러므로 우리는 우리의 의지적 행동과 진리의 영의 권능으로 우리 삶에서 그것을 몰아내야 합니다.

기도

하나님 아버지, 예수의 축복된 이름으로 자비스런 보좌 앞에 나아갑니다. 나는 당신의 말씀에 대한 믿음과 지식이 없어 이 거짓말하는 강한 자의 공격에 내 생활의 문을 열어놓고 있었습니다. 용서하시고 오늘부터는 진리의 자유 가운데 행하도록 도와주십시오.

사탄아! 마태복음 18:18이 **'…무엇이든지 너희가 땅에서 매면 하늘에서도 매일 것이요'**라고 이르신 대로 예수의 이름으로 너와 너의 거짓말하는 영을 묶는다. 나는 예수의 이름으로 내 생활에서 거짓말하는 영에게 열린 문을 닫는다.

주님 내가 거짓말하는 강한 자에게 승리하게 하시니 감사합니다. **'무엇이든지 땅에서 풀면 하늘에서도 풀리리라'**고 약속하신 마태복음 18:18에 따라서 나는 내 생활 속에 진리의 영을 풉니다. 매일 당신의 말씀을 읽도록 도와주십시오. 그래서 이 마지막 날에 내가 사탄의 거짓의 영을 끝까지 이기도록 하옵소서. 주님 내 생활을 인도하시고 나의 기도에 응답 주시니 감사합니다. 아멘.

MEMO

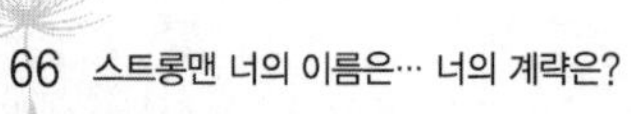

MEMO

사특한 마음

이사야 19:14

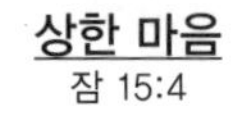

악인의 행위
잠 17:20, 23

무신론자
잠 14:2 ; 롬 1:30

낙태
출 21:22~25
출 20:13

아동 학대

더러운 마음
잠 2:12 ; 23:33

교리의 착오
사 19:14
롬 1:22, 23
딤후 3:7, 8

성적 문란
롬 1:17~32
딤후 3:2

우매한
잠 1:22 ; 19:1

말의 곡해
행 13:10
벧후 2:14

항상 근심하는 자
잠 19:3

다투는
빌 2:14~16
딤전 6:4, 5
딛 3:10, 11

근친 상간

음란물

뿌리들
"육체의 일"
갈 5:19~21

"그들의 열매로
그들을 알리라"
마 7:20

마태복음 18:18에 의하면…

매다 : 사특한 마음
풀다 : 하나님의 영, 정결함, 거룩함
슥 12:10; 히 10:29

제3장

사특한 마음 (Perverse Spirit)

"여호와께서 그 가운데 사특한 마음을 섞으셨으므로 그들이 애굽으로 매사에 잘못 가게 함이 취한 자가 토하면서 비틀거림 같게 하였으니"(사 19:14).

또다시 이 성경 구절은 강한 자의 행동을 하나님께 핑계를 대는 듯 보입니다. 즉 애굽 가운데 사특한 마음을 섞으셨다는 것 때문입니다. 그러나 하나님 말씀의 증거는 이 세상에서 그분의 뜻을 이루기 위해 사특한 마음의 도움이 필요 없으신 것을 증명합니다. 이 구절을 더 정확히 해석하는 방법은 애굽이 계속해서 죄를 지었으므로 하나님은 그 상황에서 물러나셨고, 사특한 영이 애굽을 온갖 문제로 몰고 가도록 놓아두셨다고 보는 것입니다.

하나님을 더 이상 참으실 수 없게 만든 그들의 죄가 이사야서 19장 3절에서 발견되는데 거기엔 애굽인들이 **'우상, 마술사, 신접한 자 그리고 요술객에게 물으리라'**고 말하고 있습니다. 이것은 하나님이 관계하신 것에서 손을 떼시라는 자동신호인 것입니다. 그분은 깨어진 충성을 용인하지 않을 것입니다.

로마서 1장은 위에 언급된 애굽의 와해에 해당하는 신약 성경입니다, **"또한 저희가 마음에 하나님 두기를 싫어하매 하나님께서 저희를 그 상실한 마음대로 내어 버려두사 합당치 못한 일을 하게 하셨**

으니"(롬 1:28).

사람들이 자연스럽지 못한 일을 계속 행하면 하나님은 물러서시고 하나님을 상실한 마음이 들어섭니다. 이러한 상태에서는 그들의 사고방식이 죄로 인하여 너무 꼬여있어 그들의 생활 방식이 정상이라고 믿습니다. 이러한 태도는 오늘날 동성애 사회에서 그들의 타락한 행위에 대해 정당성을 찾는 것을 보면 확실하게 나타납니다(동성애자들처럼 타락한 성애자들이 성평등권을 주장함).

하나님은 언제나 동일하심

하나님 말씀은 변하지 않았습니다. 문란한 일은 아직도 문란한 일입니다. 하나님은 에덴의 동산에서 두 남자와 두 여자를 창조하시지 않았습니다. 그분은 한 남자와 한 여자를 창조하시고 그 연합을 축복하셨습니다. 그것이 인간의 성적 행위의 첫 번째 원형이었습니다. 그 후로 세월, 관습, 그리고 철학이 바뀌어졌을지라도 하나님 말씀은 그대로입니다. 말씀대로 살면 누구나 복을 받고 그렇지 않은 사람들은 하나님이 불쾌해 하실 뿐 아니라 문란한 삶의 결과를 맺게 됩니다.

"이를 인하여 하나님께서 저희를 부끄러운 욕심에 내어 버려두셨으니 곧 저희 여인들도 순리대로 쓸 것을 바꾸어 역리로 쓰며 이와 같이 남자들도 순리대로 여인 쓰기를 버리고 서로 향하여 음욕이 불 일듯 하매 남자가 남자로 더불어 부끄러운 일을 행하여 저희의

그릇됨에 상당한 보응을 그 자신에 받았느니라"(롬 1:26~27).

에이즈 (A.I.D.S)

에이즈(후천성 면역 결핍증)는 남자 동성애자들을 공포에 떨게 합니다. 일반인들에게도 더러 나타나기는 했지만 거의 대다수는 동성연애자들이거나 양성인 남자, 혹은 동성연애자들과 주사 바늘을 같이 쓰는 마약 사용자들이나 생명 연장을 위해 헌혈자에게 의지하는 혈루병자들처럼 그 사람들과 직접 관련된 사람들입니다.*

"만일 치료법이나 예방주사가 개발되지 않으면 20세기 말까지 세계적으로 1억 명의 사람들이 죽을지도 모른다"고 미국 후생청장 에베렛 쿱(E. Koop)이 말했습니다(책의 발간 시점에는 에이즈 치료제가 개발되진 않았음 역자 주).*

14% 이하의 감염자만이 진단 후 3년 이상 살아남고 완치된 사람은 하나도 없었습니다."* "에이즈에 감염된 동성애자의 남자 성 상대 중간 숫자는 1,160명입니다."* 의학계에는 이 무서운 질병을 위한 예방법을 발견하려는 노력이 진행 중이나 몇 년 후에나 예방주사가 나올 것이라는 보도입니다. 나온다 하더라도 이미 에이즈에 걸린 수천 명을 치료할 수는 없습니다. 다만 에이즈에 걸리지 않은 사람들만 에이즈에 감염되지 않도록 보호할 수 있습니다.

이 재앙이 인류에게 장래까지 크게 영향을 미치겠지만 감염을 예방

할 가장 좋은 방법은 우리가 살아야 하는 하나님 말씀대로 사는 것입니다. 신 도덕론과 거기 연관된 부문을 수용하는 사람들은 (오늘날에 성소수자의 인권이 보호한다는 명목을 가진 자들) 하나님 말씀을 조롱할지 모르나, 사실은 하나님의 율법을 깨자고 주장하는 사람들은 **"그릇됨의 상당한 보응을 받게 될 것 입니다"**(롬 1:27).

레위기 20장은 성적 문란에 대한 중요성을 상세히 설명합니다. 동성애, 근친상간, 간음 그리고 짐승과 교합하는 자들은 모두 율법에 의해 죽이라고 레위기 20:10~17에 되어 있습니다.

성적으로 문란한 남자나 여자의 꼬인 마음은 사탄의 요새입니다. 사특한 영은 인간들을 하나님이 만드신 인간 행위에 관한 청사진으로부터 아주 멀리 떨어트리는 것으로 즐거워합니다.

이사야 선지자는 사탄이 수세기 동안 얼마나 성공적으로 그 짓을 했는지 보여줍니다. **"여호와의 말씀에 내 생각은 너희 생각과 다르며 내 길은 너희 길과 달라서 하늘이 땅보다 높음 같이 내 길은 너희 길보다 높으며 내 생각은 너희 생각보다 높으니라"**(사 55:8, 9).

사람들이 하나님의 주신 은사들을 얼마나 비꼬고 악용했는지 보십시오.

성관계, 음악, 지구환경, 철학, 가족 문제, 원자핵, TV, 인쇄물, 식욕 등 적으려면 한이 없습니다. 여러 사람들 앞에서 까맣게 칠한 작은 점을 그린 흰 종이를 보여주며 그들에게 무엇이 보이냐고 물으면, 그들 중 99%가 '까만 점'이라고 대답할 것입니다. 가끔 가다 누가 '백지가 보이는 데요'라고 말할 것입니다.

사람들이 길을 물을 때, 대부분 바른 길보다는 언제나 첫 번째 '빨간 신호등으로 가십시오.'라고 말하는 것을 알아채셨습니까? 왜 첫 번째 '파란' 신호로 가라고 하지 않습니까? ('나쁜 것은 가르쳐 주지 않아도 잘 배운다'는 말의 뜻과 같음. 역자 주)

왜 빠나 술집의 실내등이 어둠침침해야 더 잘됩니까? 사도 바울은 사람들이 **"… 그 생각이 허망하여지며 미련한 마음이 어두워졌나니"**(롬 1:21)라고 그 이유를 말합니다.

하나님의 뜻과 다른 죄인의 생각

죄 많은 사람은 하나님의 우주관과 일치할 수 없습니다. 죄는 그 사람을 비틀어 놓았습니다. 따라서 옳은 것이 그릇된 것이고, 어두움이 빛이고, 거짓말은 진실이고, 사탄은 믿을만하고 하나님은 뒤떨어진 것이 되었습니다. 이사야는 그것을 이렇게 말했습니다. **"악을 선하다 하며 선을 악하다 하며 흑암으로 광명을 삼으며 광명으로 흑암을 삼으며 쓴 것으로 단 것을 삼으며 단 것으로 쓴 것을 삼는 그들은 화 있을진저"**(사 5:20).

라틴 아메리카에 있는 우리 개신교회에 다니는 사람들이 어떤 부모들은 자기 아이들이 개신교 신자가 되느니 차라리 알코올 중독자가 되길 바란다고 얘기를 하였습니다. 어떤 회교도들은 그리스도를 영접한 가족을 살해하기도 합니다. 많은 인도 사람들은 환생설을 믿기 때문에 쥐를 잡지 않습니다. 그 결과로 쥐가 곡식을 먹어버리고 사람들은 굶어 죽습니다. 아프리카의 어느 지역에서는 아기 엄마들이 자기 아기들을 악어한테 던져줌으로 그들이 신봉하는 귀신을 달랜다는 얘기를 들었습니다. 왜 그렇습니까? 그들은 죄로 어둡고 패역한 마음을 가졌기 때문입니다.

단지 하나님의 말씀으로부터 오는 빛만이 이러한 영적 어두움을 뚫고 그들의 비꼬인 상태를 드러낼 수 있습니다. 예수님은 그의 사도들에게나 인류에게나 일반으로 **"가라사대 내가 곧 길이요 진리요 생명이니"**(요 14:6)라고 알려 주셨습니다.

우리가 그리스도를 우리의 구세주로 영접할 때 하나님은 우리를 새로운 피조물로 만드십니다. 그러므로 하나님 말씀의 권능을 새롭게 함으로 우리의 마음을 매일 새롭게 태어나도록 해야 합니다(롬 12:2).

우리는 **"모든 이론을 파하며 하나님 아는 것을 대적하여 높아진 것을 다 파하고 모든 생각을 사로잡아 그리스도에게 복종케 하니"**(고후 10:5). 새로운 피조물이 될 때 우리는 디모데 후서 1:7에서 말하는 바, 이 세상의 틀대로 움직이지 않는 사람들에게만 주어지는 **"근신하는 마음"**을 가질 수 있습니다.

또한 사탄의 추종자들이 당신에게 열등의식을 주지 않도록 하십시오. 이 세상 사람들은 맹목적으로 사탄, 그 뒤틀리고 변태적인 광인을 따라 다니므로 엄청난 신경쇠약에 걸려 있습니다. 그리고는 그들은 배짱도 좋게 우리가 그리스도를 따른다고 우리를 돌았다고 합니다! 사실은 인류를 우주의 패역자 사탄의 더러운 손아귀에서 구하려고 온갖 가능한 일을 도모하시는 **하나님 사랑을 거부하는 것이 정신 나간 일입니다.**

우리들이 이 잃어버린 세상으로부터 잘 꾸며진 교회 안으로 도피해서 예수님이 황홀하게 해주실 것을 기대하는 종교적 황홀경에 빠져있는 신자가 아니라 하나님은 우리들이 예수님이 십자가에서 승리하신 것처럼, 이 세상의 지배자, 사특한 영(강한 자)를 공격하기를 원하십니다. 예수님은 부르짖으셨습니다. **"아버지여, 저희를 사하여 주옵소서 자기의 하는 것을 알지 못함이니이다"**(눅 23:34). 예수님은 십자가 뒤에 누가 정말 대적인지 아셨습니다. 십자가에 그분을 못 박은 사람들은 단지 패역한 사탄의 도구였습니다.

사탄은 예수님이 죽으심으로 그의 은밀한 영역으로 들어가게 함으로 또 실수를 저질렀습니다. 하나님의 아들이 죽음에서 살아 나셨을 때, 그분은 사탄으로부터 사망과 음부의 열쇠를 빼앗아 갔습니다(계 1:18).

이제 우리는 예수의 이름으로 그 지배권을 이어가도록 권세를 받았습니다. 세상이 썩고 더럽다고 비탄하지만 말고 대신에 예수님께서 일러 주신대로 우리가 소금이 되어 세상에 뿌려짐으로 이 세상이 썩지 않게 해야 합니다(마 5:13). 기회 있을 때마다 예수의 이름으로 패역한 영을 지배하십시오. 당신이 음란영화, 낙태, 더러운 TV와 영화, 동성애자들, 여자동성애자들, 아동학대자, 섹스클럽, 더러운 SNS, 거짓된 사교들 그리고 어그러진 말 등에 부딪칠 때는 패역한 강한 자의 행동이 작용한다는 것을 확신해야 합니다.

주도권을 확보하십시오!

TV 광고주 제품의 불매운동에 동참하는 것으로는 충분치 않습니다. 영적인 시합장에서 우리가 마귀를 이겨 주도권을 갖지 않으면 우리는 많은 좌절감을 갖게 될 것입니다. 하나님은 대적의 허점을 찌르고 결박할 무기를 우리에게 주셨고 그리함으로써 최선의 결과를 이룰 것입니다. 그러니 우리 모두 그렇게 해야 합니다.

만일 당신이 이러한 어떤 영역에서라도 미혹을 받는다면 당신은 예수 이름으로 공세적으로 그 강한 자를 쫓아내야 합니다. 하나님의 자녀들은 그 뿌리가 매우 빨리 퍼지기 때문에, 그들의 생활 가운데 이러한 더러운 영에게 여유를 주는 위험을 무릅쓸 수는 없습니다.

기도

여러분 중에 이런 강한 자의 지배를 받는 사람은 용서 받는 기도를 할 수 있습니다. 아버지, 예수의 이름으로 주님께 가까이 갑니다. 내 삶에 패역한 영이 들어 올 수 있도록 한 것을 용서하옵소서. 나는 이러한 행동이 나를 영적인 위기에 몰아넣을 뿐 아니라 주님의 성령을 근심케 하는 것을 깨달았습니다. 저는 아버지를 저의 모든 마음을 다하여 기쁘게 하고 싶습니다. 저의 모든 불순한 마음과 행위를 깨끗게 하옵소서.

사탄아, '땅에서 매면 하늘에서도 매이리라' 하신 마태복음 18:18 말씀에 따라 나는 예수의 이름으로 너의 패역한 마음을 결박한다. 내 생활에 이 마음을 통해서 너에게 더 이상 문을 열지 않겠다.

주님, 마귀의 권세를 이기고 자유하게 하시니 감사합니다. 마태복음 18:18에 '땅에서 풀면 하늘에서도 풀리리라' 약속하신 대로 저는 저를 청결하고 귀한 생활로 인도하시도록 하나님의 은혜와 간청의 영, 성령을 풉니다. 하나님의 말씀을 읽음으로 매일 저의 마음을 새롭게 하도록 도와주십시오. 나의 삶 가운데 하나님의 말씀을 더욱 견고케 하심을 감사합니다. 아멘.

MEMO

MEMO

교만한 마음

잠언 16:18

오만한 자 – 자만한 자
삼하 22: 8
렘 48:29
사 2:11, 17 ; 5:15

교만
잠 6:16~17
잠 16:18~19 ; 28:25
사 16:6

게으름
겔 16:49, 50

오만한
잠 1:22 ; 3:34
잠 21:24 ; 24:9 ; 29:8

다툼
잠 28:25

강퍅한
잠 29:1
단 5:20

자신을 속임
렘 49:16
욥 1:3

분쟁
잠 13:10

자신의 의
눅 18:11, 12

거역하는 것
삼상 15:23
잠 29:1

하나님을 버림
시 10:4
렘 43:2

뿌리들
"육체의 일"
갈 5:19~21

"그들의 열매로
그들을 알리라"
마 7:20

마태복음 18:18에 의하면…

매다 : 교만한 마음
풀다 : 겸손한 자와 통회의 심령
잠 16:19; 롬 1:4

제4장

교만한 마음 (Spirit of Haughtiness)

"교만은 패망의 선봉이요 거만한 마음은 넘어짐의 앞잡이니라"(잠 16:18).

우리는 루시퍼에게 어떤 일이 있었는지 이미 우리는 알고 있습니다. 그는 교만이 가득 차 큰 소리로 자랑하기를 **"… 지극히 높은 자와 비기리라"**(사 14:14). 그는 그보다 더 밑으로 떨어질 수는 없는 곳으로 추락했습니다. 하나님이 지으신 가장 아름다운 피조물이 가장 추악한 지옥의 함정으로 떨어졌습니다.

교만한 마음은 우리가 하나님이 원하는 피조물이 되는 것을 막고자 합니다. 즉 우리가 될 수 있는 최상의 사람 말입니다. 우리가 하나님의 목적을 깨달으면 우리 마음을 하나님께 열고 **"하나님 나는 당신의 것입니다. 저를 하나님 원하시는 형상대로 만들어 주십시오"**라고 말합니다.

유명한 팝송, **"나는 내 방식대로 살았다(I DID IT MY WAY)"**는 이 세상에서 자수성가하고, 교만하고, 또 거만한 사람의 주제곡입니다. 그에게 어떻게 오늘날의 그가 되었느냐고 물으면 첫마디가 언제나 똑같이 **'나'**입니다. 자신을 이렇게 크게 과장되게 생각하므로 그는 하나님의 인도나 능력이 필요하지 않다고 믿게 됩니다. 이것은 그에게 교만한 마음을 작동케 하므로 위험합니다.

이런 경우에 속임수는 이런 사람이 성공한 것으로 보인다는 착각입니다. 그러나 화려한 이면을 들춰보면 대개는 술, 마약과 건강 문제, 반복적인 결혼의 실패와 그 자녀들에게는 귀신같이 무섭고 무자비한 사람으로 여겨지는 극도로 불행하고 고독한 사람입니다. 왜냐고요? 하나님 뜻대로 행하지 않고는 진정한 성공은 있을 수 없기 때문입니다.

"겸손과 여호와를 경외함의 보응은 재물과 영광과 생명이니라"(잠 22:4).

"무릇 자기를 높이는 자는 낮아지고 자기를 낮추는 자는 높아지리라"고 예수님은 말씀하셨습니다.

"겸손한 자와 함께하여 마음을 낮추는 것이 교만한 자와 함께하여 탈취물을 나누는 것보다 나으니라"(잠 16:19).

겸손함은 정의하기가 언제나 쉽지 않습니다. 주변에 겸손에 관한 책을 쓴 친구가 있는데 어떻게 겸손해졌느냐고 친구들이 농을 걸기도 했었고, 주변에 있는 사람들에게 끊임없이 **모욕을 주며(humiliating)** 어떤 사람들에게는 **겸손(humility)**의 은사가 있는 것이 아니냐고 우스갯소리를 하기도 합니다.

내가 알던 한 남자는 '다른 사람들을 모두 자기보다 앞지르게 했으니 자기는 겸손하다'고 생각하고 있었습니다. 그 부인과 아이들은 그가 집안에서 가장의 권위를 지키지 못하여 기껏 웃음거리로 여겼을 뿐입니다.

예수님은 자신이 **"… 마음이 겸손하고 온유하니"**라고 선언하셨습니다. 그러나 우리는 예수님이 어떤 의미로든 연약하시다고 생각지 않습니다. 경우에 따라서는 예수님은 채찍을 만들어서 환전상들을 성전에서 쫓아내셨습니다. 바리새인들은 예수님과 지식적인 혹은 성경적인 논쟁에서 이기지를 못했습니다. 그럼에도 우리가 알거니와 예수님은 겸손의 본분이십니다. 무엇이 예수님을 겸손하게 하였습니까?

이것이 답입니다. **"내가 아무 것도 스스로 할 수 없노라… 나는 나의 원대로 하려하지 않고 나를 보내신 이의 원대로 하려는 고로…"**(요 5:30).

진실한 겸손 (True Humility)

진실한 겸손은 **"… 우리의 의는 다 더러운 옷 같으며"**(사 64:6)라고 인정하고 우리의 삶 가운데 하나님의 도움과 인도함 없이는 아무것도 할 수 없다는 것을 인식하는 것입니다.

이러한 신령한 원칙에서 벗어나면, 우리가 하나님을 떠나서도 살 수 있다고 생각하는 만큼 강한 자(교만한 마음)의 영향력이 우리 생활에 미칩니다.

모든 것을 예수님께 드리십시오

편안히 우리의 삶을 하나님께 드리면 얼마나 좋은지 모릅니다. 그분만이 우리 자신을 그분에게 드릴 때 우리 삶을 아름답게 만드실 수 있는 유일한 분이십니다. 우리의 삶을 그 손에 맡길 때 우리는 하나님은 우리를 이용하지 않으리라고 신뢰해도 됩니다. 그분은 우리가 모든 잠재력을 개발할 수 있는 정확한 곳으로 우리를 인도 하실 뿐 아니라 그런 가운데 우리는 덤으로 우리 마음의 평안과 영적인 성취감도 갖게 됩니다.

물론 문제점들이 있을 것입니다. 그러나 우리가 하나님과 우리 사이에 누가 주인인지에 대해 기본적인 동의만 이루어낸다면 우리는 하나님이 주신 능력을 더 아름다운 삶에 도전하는데 마음껏 집중할 수 있게 됩니다. 어떤 인생이라도 하나님을 인생의 동행자로 모시고 사는 삶을 따라올 수 없습니다.

"젊은 자들아 이와 같이 장로들에게 순복하고 다 서로 겸손으로 허리를 동이라 하나님이 교만한 자를 대적하시되 겸손한 자들에게는 은혜를 주시느니라 그러므로 하나님의 능하신 손 아래서 겸손하라 때가 되면 너희를 높이시리라 너희 염려를 다 주께 맡겨 버리라 이는 저가 너희를 권고하심이니라"(벧전 5:5~7).

우리가 준비되면 하나님은 거리낌 없이 우리를 높이실 것입니다. 그러할 때는 성공한 사람들이 더 높은 성공의 사다리를 올라가기 위해 꼭 필요하리라고 짐작되는 할퀴고 잡아채는 일은 전혀 없는 것입니다. 우리들은 자신이 되리라고 마음에 그렸던 아주 굉장한 인물이 안 된다고 해서 좌절해서 주저앉아 있을 필요가 없습니다. 하나님의 가르치심을 알 때 그분은 우리가 감당할 수 있는 수준까지 높여 주십니다. 이 사실이 하나님이 우리에게 주신 것에 대해 최대한으로 감사하고 즐거워할 수 있게 합니다.

사도 바울은 이렇게 썼습니다. **"하나님이 자기를 사랑하는 자들을 위하여 예비하신 모든 것은 눈으로 보지 못하고 귀로도 듣지 못하고 사람의 마음으로도 생각지 못하였다"**(고전 2:9). 이 말은 천국에 대해서만 말하는 것이 아니라, 우리가 살고 있는 우리 삶의 자리를 또한 내포하는 것입니다.

큰 강도

교만한 영은 우리 삶을 위해 하나님이 주시는 가장 좋은 것을 도적질해 가려 합니다. 우리가 아래와 같은 증상에 부딪칠 때 우리들 자신의 생활 가운데나 또 다른 사람들의 생활 가운데에 그 존재를 알아채게 됩니다 즉 **교만**(pride), **오만**(arrognce), **다툼**(contentiousness), **오만한 분노**(scornful anger), **완고함**(obstinance), **고집**(stubbornness), **거역함**(rebellion)**과 자랑**(boastfulness)하는 것입니다.

여기에 이러한 것들을 설명하는 성경구절이 있습니다.

"교만에서는 다툼만 일어날 뿐이라 권면을 듣는 자는 지혜가 있느니라"(잠 13:10).

“그날에 눈이 높은 자가 낮아지며 교만한 자가 굴복되고 여호와께서 홀로 높임을 받으시리라”(사 2:11).

“무례하고 교만한 자를 이름하여 망령된 자라 하나니 이는 넘치는 교만으로 행함이니라”(잠 21:24).

“이는 거역하는 것은 사술의 죄와 같고 완고한 것은 사신 우상에게 절하는 죄와 같음이라”(삼상 15:23).

“여호와의 미워하시는 것 곧 그 마음에 싫어하시는 것이 육 칠 가지니 곧 교만한 눈과…”(잠 6:16, 17).

“네 아우 소돔의 죄악은 이러하니 그와 그 딸들에게 교만함과 식물의 풍족함과 태평함이 있음이며 또 그가 가난하고 궁핍한 자를 도와주지 아니하며 거만하여 가증한 일을 내 앞에서 행하였음이라 그러므로 내가 보고 곧 그들을 없이 하였느니라”(겔 16:49, 50).

우리 생활 가운데 영적인 성장을 방해하고 또한 우리를 점유하려고 하는 그런 것들이 보이면 즉시 우리 생활에서 제거하는 조치를 취해야 합니다.

야고보의 권면

야고보가 야고보서 4:10에서 도움되는 몇 가지 충고를 합니다. 즉 **“주 앞에서 낮추라 그리하면 주께서 너희를 높이시리라”**. 여기서 ‘너희는 낮추라(you humble yourselves)’는 말씀에 유의하십시오. 우리가 겸손할 때 하나님이 우리를 유용하게 하시는 **촉매제(catalyst)**가 됩니다. 우리 삶을 위한 하나님의 뜻을 겸손히 받아들이고 그 뜻 가운데 행할 수 있도록 우리가 우리 마음과 뜻을 정해야 합니다.

기도

용서하소서!

우리는 하나님의 용서를 바라며 시작합니다.

아버지, 나는 예수의 이름으로 주님 앞에 나옵니다. 나는 주님이 내 생활 속에서 절대적으로 나를 통치하시도록 하지 않았음을 압니다. 이렇게 엄청난 죄를 지은 것을 용서해 주십시오. 나는 겸손하게 통회의 심령으로 주님께 엎드리오니 주께서 내 삶을 아름답게 만들어 주옵소서.

원수를 결박하십시오

사탄아 '땅에서 매면 하늘에서도 매일 것이요'라고 말씀하신 마태복음 18:18에 따라서 너의 거만한 마음을 예수의 이름으로 결박한다. 나는 네가 누군지 안다, 절도와 강도. 나는 네가 나를 나의 삶을 위한 하나님의 뜻에서 멀어지게 하는 것을 용납할 수 없다.

하나님의 영을 푸십시오

아버지, 이 엄청난 죄를 용서하시니 감사합니다. 마태복음 18:18에 '무엇이든지 땅에서 풀면 하늘에서도 풀리리라'고 약속하신 말씀에 따라 주님이 나를 위해 택하신 길로 인도하시도록 나는 나의 삶 가운데 겸손의 영, 성령을 풉니다. 나는 주님의 말씀을 읽고 공부함으로 그 길을 가장 잘 찾을 수 있는 줄 압니다. 그 말씀은 '… 내 발에 등이요 내 길에 빛이니이다'(시 119:105). 주님, 제 기도를 들으시고 응답 주시니 감사합니다. 아멘.

MEMO

근심의 영

이사야 61:3

마태복음 18:18에 의하면…

매다 : 근심의 영
풀다 : 보혜사, 찬송의 옷, 희락의 기름
요 15:26; 사 61:3

제5장

근심의 영 (sprit of Heaviness)

“무릇 시온에서 슬퍼하는 자에게 화관을 주어 그 재를 대신하며 희락의 기름으로 그 슬픔을 대신하며 찬송의 옷으로 그 근심을 대신하시고…”(사 61:3).

징후 (Symptoms)

앞에 나무그림에서 보여주는 것같이 이 강한 자(strongman)즉 근심의 영(sprit of Heaviness)로 인하여 나타나는 징후로는 **지나치게 슬퍼하는 것, 근심과 고통, 우울증, 낙망, 실의, 절망, 자기연민, 자기 부정, 고독, 실망, 불면증, 마음의 상함과 상처** 근심의 영은 우리들을 근심으로 무겁게 짐 지워 우리의 삶의 기쁨을 빼앗아가려 합니다. 그는 우리가 슬퍼할 때 우리에게 들어와 우리를 영구적 고통의 비정상적 상태에 머물도록 합니다.

슬퍼함 (Mourning)

사랑하는 사람이나 좋아하는 물건, 직장, 애완동물, 남자나 여자 친구를 잃고 나서 자연스런 애도 기간을 갖는 것은 정상적이고 건강에도 좋습니다. 우리들이 귀하게 여기는 것들을 잃었을 때 그 결과로 오는 공백에 육체적으로나 심적으로 적응하려면 시간이 걸립니다. 그렇다고 한없이 슬퍼하진 않습니다. "고통은 너무 마음에 깊이 품으면 안 되는 것이고 자신의 마음속에 지속시키면 안 되고 비워야 하는 것이 하나님이 우리에게 주신 정서입니다. 슬픔만이 계속되면 미숙한 유년기 상태로 회귀하는 신경병적 증세가 될 수 있으므로 파멸적입니다."* 우리는 성령이 상한 마음을 치료하고 우리의 고통을 없애도록 해야 합니다. **"그는 실로 우리의 질고를 지고 우리의 슬픔을 당하였거늘…"**(사 53:4). 우리는 슬픔을 주님께 맡기고 할 수 있는 한 최선의 삶을 살아가야 합니다.

나는 사랑하는 사람을 잃고 그것을 극복하지 못하는 사람들을 알고 있습니다. 수십년이 지났어도 여전히 바로 얼마 전에 있던 일처럼 그 기일에 슬퍼합니다. 그 결과로 여러 가지 부정적인 일이 그들의 생활에 나타납니다. 유족들은 먼저 죽은 사람을 원망하기도 합니다. 그 관련된 사람들의 건강이 영향을 받으며 대개는 두려움의 영이 어딘가 그 가운데 끼어들게 됩니다.

죽음이 확대되어 보이면 두려움이 생겨나게 됩니다. 우리는 누가 어떻게 죽었는가를 자세히 얘기할 때, 특히 그 사람의 죽음이 지나치게 폭력적이고 끔찍했었다면, 어떻게 그 전체적인 사태를 직면하고 그 결과에 충격을 받지 않았다고 말할 수 있겠습니까? 하나님의 사람들은 죽음에 대해서가 아니라 생명 되신 그리스도께 관심을 집중합니다. "…

오직 한 일 즉 뒤에 있는 것은 잊어버리고 앞에 있는 것을 잡으려고 푯대를 향하여 그리스도 예수 안에서 하나님이 위에서 부르신 부름의 상을 위하여 좇아가노라"(빌 3:13, 14).

이사야 선지자는 하나님이 우리의 "한 줌의 재 같은 인생"이나 죽음의 체험을 아름다운 어떤 것으로 대신하기 원하신다고 보장했습니다. 우리가 찬송의 옷을 입고 또 희락의 기름을 우리 아픈 마음에 바를 때 하나님이 그렇게 하실 것입니다. 죽음은 누구에게도 행복한 체험이 아니라는 것을 압니다. 그러나 하나님 말씀의 관점에서 죽음이란 그리스도인들에게 하나님 안에서 성장하도록 돕는 긍정적 역할을 할 수 있게 합니다.

우리는 하나님이 이 세상에서 사랑하는 사람들과 같이 있을 시간을 주신 것을 감사함으로 찬송의 옷을 입습니다. 만일 그들이 그리스도인이었다면 그들이 주님의 임재를 즐기고 있을 것을 압니다. 그리고 우리들은 비교적 짧은 시간 안에 영원한 빛 가운데서 그들을 만나게 될 것입니다. 우리는 그들의 생애의 긍정적인 부분들을 조용히 상기해 보고 그것들을 우리 추억 속에 간직하기는 하지만, 그러나 절대로 자기 긍휼이 우리 삶을 관장하도록 해서는 안 됩니다.

자기연민 (Self-Pity)

자기연민은 이기적 동기로부터 옵니다. 우리는 자신이 사랑하는 사람이 자기를 떠나서 황금의 길을 걷고 있는데 홀로 뒤처져 수습만 하는 사실을 원망합니다. 때로 자기연민은 자신의 형편과 다른 사람들과의 관계가 자신이 계획한 대로 잘 돌아가지 않으므로 시작이 됩니다. 고독이 엄습하고 자기를 숨기며 포기하려는 유혹도 받게 됩니다. 그러나 이 모든 것들은 하나님이 우리 삶 가운데 일하시는 것이 아니고 파괴자(strongman)가 하는 것임을 기억하십시오. 그가 그 짓을 못하게 하십시오. 하나님은 우리와 함께 하시고 모든 것을 합력하여 선을 이루시리라고 약속하셨습니다(롬 8:28). **"네가 물 가운데로 지날 때에 내가 함께할 것이라 강을 건널 때에 물이 너를 침몰치 못할 것이며…"**(사 43:2).

깨어진 관계 (Broken Relationships)

깨어진 관계는 한쪽 사람이나 또 관련된 양쪽 모두에게 그 상처의 후유증 때문에 마음이 흔들리는 결과를 남깁니다. 사탄은 자주 사람들 간의 오해를 이용하여 불화살을 쏨으로 우리의 영과 혼에 깊은 상처를 입게 합니다.

그는 친구들끼리, 사랑하는 사람들 간에 그리고 그리스도 몸의 지체들 간에 하나 됨을 깨트리려고 합니다. 우리의 **첫 번째 대응은 하나님께 용서를 구하는 사람이 되고 또 가능하면 관련된 상대방의 것도 구하는 것입니다. 두 번째는 우리는 상대방을 우리의 의지적 행동으**

로 용서하고 항상 그리스도께 그것을 위탁하여야 합니다. 우리는 돌아가서 문제의 세세한 것을 더 이상 따져 볼 수 없습니다. 우리는 모든 생각을 사로잡아 복종시키는 것을 실행해야만 하며 또 단지 좋은 결과와 순전한 것들만을 생각해야 합니다.

사탄이 행할 일을 결박하고 하나님께 용서를 거부하려는 거역하는 마음을 결박할 수 있는 것은 하나님께서 우리에게 필요한 완전한 것을 회복함으로 영적인 치유를 하실 때 지속적으로 진행되는 것입니다. 상한 마음을 진정시키려면 시간이 좀 걸립니다. 그러나 우리는 분노라든가, 죄의식 또 용서 못함이나 또 파괴자(storngman)가 우리에게 접근할 기회를 열어줄 수 있는 다른 어떤 좋지 못한 것은 마음에 품지 않을 것을 우리 스스로는 확실히 결단할 수 있는 일입니다.

우울증 (Depression)

"펜실베이니아 주립 대학 마틴 셀리그만(M. Seligman) 교수의 추정에 우울증은 많이 퍼져 있어서 미국에 40억불의 작업 손실과 의료비 부담을 준다"고 합니다. 사회적 손실도 막대하여 실패한 결혼, 문제아동들, 자살 심지어 살인까지 들 수 있습니다. 앞으로도 우울증의 피해는 점점 커질 것입니다.

"국립 정신건강원(National Institute of Mental Health) 보고는 다섯 미국인 중 한명 즉 사천만 명 정도는 한번쯤은 심각한 우울증 증세를 가졌고 그중 이백 사십만 명은 심하여 병원 치료를 받는다"고 합니다.

"우울증은 가장 오래되었다고 알려진 정신 질환입니다. 그러나 과학자들은 원인이 무엇인지 모르고 또한 대부분의 피해자들이 여성이라는 이유는 더 모르고 있습니다."*

나는 그리스도인들과 상대하면서 **우울증에 빠지는 첫 번째 단계는** 하나님 말씀을 소홀히 하거나 또 관심이 없는 것이라는 것을 발견하였습니다. 그들은 생활에 번거로움에 사로잡혀 그리스도인의 체험을 유지하기 원하는 모든 사람에게 필요한 기초적인 영적 훈련을 게을리합니다. 얼마 지난 후에 이런 사람들은, 주님의 기쁨이 그들의 생활에서 줄어들고 또 그들에게는 기독교인으로서의 생활은 무미건조하게 생각하고, 섬기는 일을 힘들게 생각하기 시작합니다. 그리고 다른 교인들과 어울리기 싫어하고, 홀로 있기를 좋아한다고 말하며 스스로 벽 뒤로 자신을 숨기며, 해야 하는 일들에서 물러나기 시작합니다. 그러나 물러날수록 점점 더 움츠러들게 되어서 결국 고독함이 생활화됩니다. "이제는 너무 힘이 들어", "사람들에게 저녁 초대를 못 하겠어." 생활은 언제나 "똑같아" 말하며 점점 끝이 보이지 않는 어두운 터널 같이 됩니다.

자살 (Suicide)

똑같은 일정, 똑같은 실망, 매일 보는 같은 얼굴들, 똑같이 떠드는 아이들, 청소해야 할 똑같은 집, 무엇이나 반복되는 일……

무슨 탈출구가 없을까? "글쎄 자동차 사고로 치명상을 입으면 빠져나갈 수 있겠지" 얼마나 고상한 탈출입니까? 기분이 떨어지고, 또 떨어져서 결국 생각이 마비됩니다. 다른 강한 자(strongman)들이 들어옵니다. 그리고 어느 날 형제, 자매, 누구누구가 수면제를 먹고 자살했다는 얘기를 듣는 깜짝 놀랄 날이 옵니다. 자살하려던 사람들의 말로는 그들이 엄청난 근심이 있을 때 자살할 충동을 느꼈다고 합니다.

사울 왕

사울은 하나님의 영이 그에게서 떠난 후 자주 우울증에 시달렸습니다. 그가 잠들 수 없을 때는 다윗을 불러 하나님께 찬양하는 아름답고 성별된 시편을 노래하게 하면 근심이 엄습해 오던 것이 없어졌습니다. 다윗은 이러한 일등을 통해 매우 귀중한 경험을 얻어 후에 그 자신의 생애 중에 우울증을 극복할 수 있었습니다.

찬송의 옷(The garmant of Praise)은 근심의 영이나 연관된 증상인 불면증, 우울증, 고독감이나 자기연민에 대한 가장 효율적인 억제력입니다. 나는 잠을 청하기 힘들 때마다 다만 주님께 찬양 드리기 시작합니다. 나는 마귀에게 그가 나를 못 자게 하면 할수록 나에게 좀 더 주를 찬양하는 시간을 줄 뿐이라고 말하고 기도합니다. 나는 그것에 질 수 없습니다. 지다니요! 그러면 마귀는 그는 낚시꾼이 물고기를 낚듯 우리를 움켜쥘 것입니다. 하나님은 그 백성의 찬송 중에 거하십니다(시

22:3).

“서방에서 여호와의 이름을 두려워하겠고 해 돋는 편에서 그의 영광을 두려워할 것은 여호와께서 그 기운에 몰려 급히 흐르는 하수 같이 오실 것임이로다”(사 59:19).

“너희 자신을 종으로 드려 누구에게 순종하든지 그 순종함을 받는 자의 종이 되는 줄을 너희가 알지 못하느냐 혹은 죄의 종으로 사망에 이르고 혹은 순종의 종으로 의에 이르느니라”(롬 6:16).

공격적으로 되십시오 (Be Aggressive)

공격적으로 되십시오! 그러한 어두운 기분과 우울증에 손을 들지 마십시오. 주님의 말씀을 칼과 같이 사용하시어 하나님의 자녀로서 당신이 소유한 기쁨, 화평 그리고 만족함 등을 강도질하려는 원수를 베어 버리십시오. 우울증의 증세가 시작할 때 당신을 머리부터 발끝까지 씌우도록 찬송의 옷과 희락의 기름을 꼭 푸십시오. 찬송이 당신의 생각과 입에서 흘러나오도록 하십시오. 처음에는 당신 편에서 훈련이 필요할지 모르지만, 하나님께 찬양할수록 더 쉬워집니다. 기도문을 이용하십시오. 당신이 아직 성령의 세례를 안 받았으면 그것을 당신 삶 중에 우선으로 삼으십시오.

순종하십시오.

자, 이제 기도하십시다.

하나님 아버지, 주 예수의 이름으로 주님 앞에 나옵니다. 특별한 기도하고 싶지 않습니다. 주님의 말씀에 순종하여 기도합니다. 주님께 기도하는 시간과 말씀을 읽는 것을 소홀히 하였음을 용서하옵소서. 나는 근심의 영이 주님께서 내게 주신 좋은 것들을 도적질해 가도록 놓아두었습니다. 그러나 나는 그런 자기 긍휼의 생각을 버리고 이제부터는 생활 습관으로 주님을 찬양하도록 약속합니다.

근심의 영을 결박 하십시오

사탄아, '땅에서 매면 하늘에서도 매이리라'고 약속하신 마태복음 18:18을 따라서 나는 예수의 이름으로 근심의 영을 결박한다. 나는 네가 나를 이용했음을 안다. 나는 이제 주 예수의 이름으로 너를 대적한다. 야고보서 4:7에 말씀하셨다 **'…마귀를 대적하라 그리하면 너희를 피하리라' 떠나가라, 예수의 이름으로 그리고 다시 돌아올 생각 말아라.**

승리의 기도

아버지, 적의 함정으로부터 구해 주신 것 감사합니다. '땅에서 풀면 하늘에서도 풀리리라'고 말씀하신 마태복음 18:18을 따라서 나는 보혜사이신 성령님, 찬송의 옷 그리고 희락의 기름을 풉니다. 나는 주님의 거룩한 이름을 찬양합니다. 예수님, 저에 대한 당신의 선하심과 자비하심에 감사합니다. 내 기도를 들으시고 응답주심을 감사합니다. 아멘.

MEMO

MEMO

육체에 속한 마음

호세아 5:4

부정함 / 간음
겔 16:15, 28
잠 5:1~14
갈 5:19

영, 혼, 육신의 창기
겔 16:15, 28
잠 5:1~14
신 23: 17, 18

언제나 채워지지 않음
겔 16:28

돈을 사랑함
잠 15:27
딤전 6:7~14

음행
호 4:13~19

우상 숭배
삿 2:17
겔 16
레 17:7

지나친 식욕
고전 6:13~16
빌 3:19

세상과 벗된 것
약 4:4

뿌리들
"육체의 일"
갈 5:19~21

"그들의 열매로
그들을 알리라"
마 7:20

마태복음 18:18에 의하면…

매다 : 육체에 속한 마음
풀다 : 하나님의 영, 성결의 영
엡 3:16

제6장

육체에 속한 마음

이 강한 자(spirit of whoredoms)의 이름을 보면 사창가에 자주 드나드는 사람들만이 이 영에 의해 영향을 받는 것이라고 뜻하는 것 같습니다. 그러나 실은 그보다 더한 의미가 있습니다. 이 특별한 상황은 육체적 얽매임뿐만 아니고 영적인 것도 될 수 있습니다. (whoredoms의 단어의 번역은 매춘, 간통이란 뜻이지만 우상숭배란 뜻도 있습니다. 이방 신전에서 이루어진 매춘 행위와 연관이 있습니다. 따라서 음란한 마음이란 뜻보다는 육체에 속한 마음으로 번역하였습니다. 역자주)

호세아서는 이러한 경우를 지적하고 있습니다. **"내 백성이 나무를 향하여 묻고 그 막대기는 저희에게 고하나니 이는 저희가 음란한 마음에 미혹되어 그들의 하나님의 수하를 음란하듯 떠났음이니라"**(호 4:12).

"저희의 행위가 저희로 자기 하나님에게 돌아가지 못하게 하나니 이는 음란한 마음이 그 속에 있어 여호와를 알지 못하는 까닭이라"(호 5:4).

호세아가 음란한 아내를 취한 것은 백성들이 하나님의 통치를 떠나 이웃나라들의 우상과 거짓 신들을 섬길 때 무슨 짓을 하였는가를 그들에게 예증해 보여주는 것이었습니다. 그런 결과 호세아는 하나님이 그 백성들이 다른 신을 따르며 부정할 때 체험한 똑같은 고통과 고민을 그의 음란한 아내로부터 육신적인 차원에서 느꼈습니다.

우리들이 실제로 실질적 우상에게 제물을 주지 않더라도 우리들과 하나님 관계 사이에 끼어드는 것은 무엇이나 우상이 됩니다. 그러므로 음란한 행위와는 관계없을지라도 영적인 간음의 형태도 우상입니다. 우리를 지배하는 것은 무엇이나 우리의 신이 될 수 있습니다. 그것은 먹는 것, 섹스, 오락물, 스포츠, 돈, 권력, 출세, 컴퓨터 게임, TV, 소유물, 우리 자녀들, 종교 혹은 이념입니다.

텔레비전

TV로 예를 들겠습니다. 주일 저녁에는 하나님 말씀을 듣기 위하여 교회에 가야 합니다만 재미있는 드라마는 보통 그 시간에 보여 줍니다. 무엇이 먼저입니까? 당신 삶에서 더 중요한 것은 무엇입니까?

TV에 빠지는 것은 지적으로 열등한 사람이라고 생각되기 때문에 우리들 대부분은 TV가 우리들의 신이라는 것은 부인하려 합니다. 그렇지만 예배 참여하는 교인이 미국 전역에 걸쳐 주일 저녁에 모이는 교인은 낮 예배 참석하는 숫자의 절반밖에 안 되는 것을 알 수 있었습니다.

요즘은 주일 저녁 예배 문제는 TV가 아닐지도 모릅니다. 그것은 스포츠, 사냥, 낚시, 물놀이, 스키 혹은 수없는 다른 것들입니다.

요점은, 우리 생활 가운데 있어야 할 것이 아닌 엉뚱한 것들이 우위를 차지하고 있어, 하나님이 우리 삶에 우선순위에서 뒤처져 버렸다는 것입니다. 그 진행 과정은 으레 매우 포착하기 어렵지만, 진실은 우리가 점점 하나님을 멀리하는 일이 생긴다는 것입니다.

무엇이 당신을 사로잡습니까?

사도 바울은 이런 관찰을 했습니다. **"모든 것이 내게 가하나 다 유익한 것이 아니요 모든 것이 내게 가하나 내가 아무에게든지 제재를 받지 아니하리라"**(고전 6:12).

텔레비전, 스포츠, 먹는 것, 컴퓨터 게임 등은 그 자체로는 악이 아닙니다. 단지 그것들이 우리 삶을 지배하여 하나님을 멀리 할 때 우리들에게 문제가 됩니다. 그것들을 서열에서 제자리, 저 아래쪽에 있게 해야 합니다. 하나님이 첫째, 우리 부부와 가족이 둘째 등등…

"이 세상이나 세상에 있는 것들을 사랑치 말라 누구든지 세상을 사랑하면 아버지의 사랑이 그 속에 있지 아니하니 이는 세상에 있는 모든 것이 육신의 정욕과 안목의 정욕과 이생의 자랑이니 다 아버지께로 좇아 온 것이 아니요 세상으로 좇아 온 것이라 이 세상도, 그 정욕도 지나가되…"(요일 2:15~17).

하나님은 우리가 **'영적인 창부(spiritual alley cats)'**가 되어 하나님과의 영적인 관계를 해치며, 이 세상에서 최신 유행한다는 쾌락이라면 무엇이든지 따라 다니는 것을 원치 않으십니다. 하나님은 우리에게 **"세월을 아끼라 때가 악하니라"**(엡 5:16) 말씀하십니다.

간음과 음란 (Aduitery and Fornication)

또 다른 한편으로 육적인 간음과 음란이 또한 강한 자의 놀이터라는 것을 알아야 합니다.

"… 몸은 음란을 위하지 않고 오직 주를 위하며 주는 몸을 위하시느니라… 너희 몸이 그리스도의 지체인 줄을 알지 못하느냐 내가 그리스도의 지체를 가지고 창기의 지체를 만들겠느냐 결코 그럴 수 없느니라… 음행을 피하라 사람이 범하는 죄마다 몸 밖에 있거니와 음행하는 자는 자기 몸에게 죄를 범하느니라 너희 몸은 너희가 하나님께로부터 받은바 너희 가운데 계신 성령의 전인 줄을 알지 못하느냐 너희는 너희의 것이 아니라 값으로 산 것이 되었으니 그런즉 너희 몸으로 하나님께 영광을 돌리라"(고전 6:13, 15, 18~20).

혼외정사는 우리 사회에서 보통이 되었지만 우리는 하나님 말씀은 변함이 없음을 알아야 합니다. 부부관계 외의 성적 결합은 우리 생활에서 하나님을 기쁘시게 하려는 소망을 막아버리는 속박과 혼동을 가져다줍니다.

우리는 믿음으로 산다

요즈음처럼 세계적으로 경제적 위험이 만연할 때 하나님 말씀은 이렇게 가르치십니다. **"… 오직 의인은 믿음으로 말미암아 살리라"**(롬 1:17).

"우리가 세상에 아무 것도 가지고 온 것이 없으매 또한 아무 것도 가지고 가지 못하리니 우리가 먹을 것과 입을 것이 있은즉 족한 줄로 알 것이니라 부하려 하는 자들은 시험과 올무와 여러 가지 어리석고 해로운 정욕에 떨어지나니 곧 사람으로 침륜과 멸망에 빠지게 하는 것이라 돈을 사랑함이 일만 악의 뿌리가 되나니 이것을 사모하는 자들이 미혹을 받아 믿음에서 떠나 많은 근심으로써 자기를 찔렀도다 오직 너 하나님의 사람아 이것들을 피하고 의와 경건과 믿음과 사랑과 인내와 온유를 좇으며 믿음의 선한 싸움을 싸우라 영생을 취하라 이를 위하여 네가 부르심을 입었고 많은 증인 앞에서 선한 증거를 증거하였도다"(딤전 6:7~12).

우리에게 가장 소중한 소유는 믿음의 소유입니다. 그러나 그것은 돈을 쌓아 놓으려는 열정 속에 묻혀버릴 수 있습니다. 예수님은 하나님이 들에 있는 백합화도 옷 입히신다고 말씀하셨습니다.

백합화는 마음 졸이며 무슨 색이 될까 또는 언제 꽃잎을 피울까 걱정할 필요가 전혀 없습니다. 우리를 얼마나 더 잘 보살피시겠습니까? 그러니 마음을 놓으십시오. 만약 우리가 열심을 내어 무엇인가 찾기 원한다면 사도 바울이 권면한대로 의로움, 신령함, 믿음, 사랑, 인내와 겸손으로 하지 않으시렵니까? 우리가 멋진 싸움(경기)을 원하면 믿음의 선한 싸움은 어떻습니까?

탐식 (Gluttony)

탐식은 요즈음 설교에서나 공부할 때 거의 듣지 못하는 죄목의 하나입니다. 아마 우리가 그것을 계속 행하고 있기 때문일 것입니다. 우리 부부는 집회를 하면서 제3세계 나라들의 빈곤한 모습에 끊임없이 접촉했었기 때문에 보통 사람들보다 더 잘 알고 있습니다.

세계 대부분 사람들은 끼니를 걱정하고 있으나 미국에 사는 사람들은 우리들 몸에 늘어진 과체중을 줄이려고 애쓰고 있습니다. 슬프게도 우리 몸인 "성령의 전"은 주로 기름으로 구성되어 있습니다.

이것은 우리가 다이어트에 사로잡혀 있으라는 의미가 아닙니다. 그러나 우리는 식습관까지도 절제를 해야 하겠습니다. 초콜릿이 쌓여있다고 우리가 먹을 필요는 없습니다.

"내가 여러 번 너희에게 말하였거니와 이제도 눈물을 흘리며 말하노니 여러 사람들이 그리스도 십자가의 원수로 행하느니라 저희의 마침은 멸망이요 저희의 신은 배요 그 영광은 저희의 부끄러움에 있고 땅의 일을 생각하는 자라"(빌 3:18, 19).

스포츠 (Sports)

요즈음 벌어지고 있는 스포츠 열기에 대해 얘기할 필요가 있겠습니다. 전 종목 스포츠 케이블 TV가 출현해서 당신은 남은 생애 동안 축구, 야구, 골프, 농구, 배구, 아이스하키 등등 모든 스포츠 종목, 심지어는 개구리 높이뛰기 경기까지도 볼 수 있게 되었습니다.

사도 바울이 자기 시대의 스포츠 행사에 대해 파악하고 있는 것도 그저 슬쩍 지나쳐 본 정도가 아니라는 것을 알 수 있습니다. 야구 경기를 보러 가거나 TV에서 보는 것은 죄가 아닙니다. 그러나 우리가 하나님과 가까운 관계를 유지하려면 우리는 어느 정도 이상은 갈 수 없는 선이 있습니다. 나는 교회 담임 목사들이 중요한 경기가 교회 예배 시간과 중복될 때 교회 출석율이 낮을 것이라고 탄식하는 소리를 들을 때 몇 교인들은 그들의 경쟁적 천성을 절제하지 않는 것을 알았습니다.

오늘날 경기장은 매 주일날 몇 백만 명 사람들의 종교적 전당이 됩니다. 선수들은 운동을 잘해서 무슨 신 같은 숭배를 받고 또한 연봉을 상상을 초월하게 받습니다.

어떻든 성도들이 예배를 빼 먹고 경기 중 어떤 선수의 축구공이나 야구공을 스탠드까지 날아 올 때 입을 벌리며 공을 잡으려고 뛰어다니는 모습을 볼 때 나는 그렇게 썩 마음이 좋지 않습니다.

네, 참으로 재미있습니다. 그러나 삶에는 그보다 더 중한 것들이 있습니다. 예수님께 승리해 드려야 할 세상이 기다리고 있습니다. 당신이

도전을 원한다면 먹을 것 한 끼만 보고도 크게 "와" 하는 가난한 선교지에 가 보십시오. 그러면 삶이 정말 빠르게 균형 잡힐 것입니다.

"그러므로 형제들아 우리가 빚진 자로되 육신에게 져서 육신대로 살 것이 아니니라 너희가 육신대로 살면 반드시 죽을 것이로되 영으로써 몸의 행실을 죽이면 살리니 무릇 하나님의 영으로 인도함을 받는 그들은 곧 하나님의 아들이라"(롬 8:12~14).

그것은 선택입니다. 육신 혹은 하나님의 성령, 어느 것이 우리를 다스립니까? 우리가 예수를 따르기로 결정했다면 우리는 우리 생활 가운데 육신의 일을 도모할 수 없습니다. 그것들은 강한 자의 영들에게 문을 엽니다. 이때 우리들이 그들에 대항해 적절한 행동을 취하지 않으면 그들은 우리들의 신체와 혼 그리고 점차적으로 우리의 영까지 압박하러 들어올 것입니다.

기도

바르게 다시 살 각오를 하십시오.

사랑하는 아버지, 예수님의 이름으로 주님께 갑니다. 주님을 나의 생활에 제일로 모시지 못한 것을 용서하십시오. 육신의 일과 세상의 일들이 내게 들어와 나의 삶의 신이 되어 주님을 몰아내도록 한 것을 용서하십시오. 나는 당신을 지금부터 영원까지 주님으로 모시겠습니다. 그리고 주님 말씀의 교훈을 따르기로 약속합니다.

모든 우상을 부숴 버리십시오.

사탄아, '땅에서 매면 하늘에서도 매이리라'고 약속하신 마태복음 18:18에 의하여 나는 음란한 마음을 예수의 이름으로 묶는다. 나는 너의 하찮은 모조품 신이 나를 지배하는 것을 거부한다. 나는 너의 우상들을 예수의 이름으로 책망한다.

예수님을 더 높이십시오.

아버지, '땅에서 풀면 하늘에서도 풀리리라'고 말씀하신 마태복음 18:18에 따라 내 생활 안에 하나님의 영을 풉니다. 이 혼동된 시대에 나의 우선 순위를 바로 정하도록 도와주십시오. 그리하여 내가 주님을 기쁘시게 하고 내 생활에서 주님의 뜻을 이루도록 하옵소서. 나의 기도를 들으시고 응답 주시는 것 감사합니다. 아멘.

MEMO

MEMO

질병의 귀신

누가복음 13:11~13

마태복음 18:18에 의하면…

매다 : 질병의 귀신
풀다 : 생명의 성령과 병 고치는 은사
롬 8:2 ; 고전 12:9

제7장

질병의 귀신 (Spirit of Infirmity)

우리는 오랫동안 남미와 미국 내에서 선교사로 믿음, 병고침, 구원에 관한 하나님 말씀을 전하는 목회를 해왔습니다. 우리는 하나님의 말씀과 경험을 통하여 그리스도를 주님으로, 생명의 구원자로 영접하고 하나님 말씀을 믿고, 말씀대로 살며, 하나님의 말씀을 들음에서 나오는 믿음을 가지고 그 말씀에 따라서 행동하는 사람은 누구든지 구원하시고 치유하시고 악에서 건져내시는 것이 하나님의 뜻이라는 것을 확신하게 되었습니다(롬 10:17).

니카라과 마나구아(Managua, Nicaragua)에서 있던 옥외 전도 집회 때 왔던 나이든 부인이 기억납니다. 그 여자는 20년 동안 허리가 꼬부라진 여인이었습니다. 그 여인은 주님을 영접하고 말씀을 믿은 후 순간적으로 병이 나아서 돌아갔습니다. 신약 성경에서도 비슷한 병 고치는 이야기에서 질병의 귀신이 나옵니다. **"십팔 년 동안을 귀신들려 앓으며 꼬부라져 조금도 펴지 못하는 한 여자가 있더라 예수께서 보시고 불러 이르시되 여자여 네가 네 병에서 놓였다 하시고 안수하시매 여자가 곧 펴고 하나님께 영광을 돌리는지라"**(눅 13:11~13).

16절에서는 예수님이 여자가 그렇게 된 원인에 관하여 더 명확히 말씀하십니다. **"그러면 십팔 년 동안 사탄에게 매인바 된 이 아브라함의 딸을 안식일에 이 매임에서 푸는 것이 합당치 아니하냐"**

누가는 질병의 귀신은 사람을 결박하는데 병을 이용하며 그러므로 그러한 질병들이 근본적으로 사탄의 일이 되는 것이라고 조심스럽게 말했습니다.

"정사와 권세를 벗어버려 밝히 드러내시고
십자가로 승리하셨느니라"
(골로새서 2:15)

질병은 죄로부터 시작 되었습니다

에덴동산에서 하나님이 아담에게 명하셨습니다. **"선악을 알게 하는 나무의 실과는 먹지 말라 네가 먹는 날에는 정녕 죽으리라 하시니라"**(창 2:17).

하와가 하나님의 명을 어기고 사탄에게 속아 아담을 유혹한 결과는 그들에게 죄가 들어오고 죄 때문에 모든 인간이 죽게 되었습니다. 아담과 하와는 죄가 인간과 하나님 사이의 교제의 굴레를 끊어 버렸으므로 영적으로 바로 사망했습니다. 처음으로 죽음의 공포로 그들은 두려워했고 육체적 죽음도 서서히 다가왔습니다. 수세기 후에 하나님이 지으신 완전한 육체 아담과 하와는 병에 쓰러졌고 그들에게 죽음이 다가 왔습니다.

기본 원칙은 오늘도 똑같습니다. 우리가 하나님의 명을 순종하면 우리에게 병을 고쳐주십니다. 우리가 불신앙과 두려움을 주는 마귀의 거짓말을 좇으면 우리 건강이 나쁘게 영향을 받을 것입니다.

예수님은 **"… 사람들과 같이 되었고"**(빌 2:7). **"… 우리 연약한 것을 친히 담당하시고 병을 짊어 지셨고"**(마 8:17). **"… 그가 채찍에 맞으므로 우리가 나음을 입었습니다"**(사 53:5).

누가는 언급하기를 **"하나님이 나사렛 예수에게 성령과 능력을 기름 붓듯 하셨으매 저가 두루 다니시며 착한 일을 행하시고 마귀에게 눌린 모든 자를 고치셨으니 이는 하나님이 함께 하셨음이라"**(행 10:38).

아시겠지요. 마귀에게 압박당하는 모든 사람들을 치료해 주시는 것이 하나님의 뜻입니다. 예수님은 하나님의 뜻에 반하는 어떤 일도 안 하실 것입니다.

예수님이 세상의 죄를 대신하여 십자가에서 죽으신 것만큼 등에 채찍질을 맞으시며 우리의 병을 고치는 대가도 치르셨습니다. 하나님이 그들을 병에서 고쳐주기 원치 않으신다고 말하는 것은 하나님이 모든 사람을 저희들 죄에서 구원하시길 원치 않으신다고 믿는 것만큼 터무니없는 얘기입니다. 그리스도가 베푸신 속죄는 우리의 몸, 혼 그리고 영을 위한 완전한 것이었습니다.

한결같으십시오 (Be Consistent)

하나님이 특정한 사람들만 병을 고쳐 주신다고 믿는 그리스도인이 그가 아플 때 하나님께 병 고침을 위해 간구함이 없이 주저치 않고 병원에 가는 것은 참으로 이상합니다. 병원에 가지 말아야 된다는 뜻이 아니고 질병의 원인에 대하여 깊이 생각하고 하나님의 뜻에 거슬리지 말아야 합니다.

그 문제를 해결하기 위하여 하나님은 당신의 자녀들이 알아야 할 교훈을 가르치시고 훈련시키는데 병을 이용하신다는 것을 믿도록 가르쳐 왔습니다. 나는 그렇게 가르치는 사람들에게 혹시 자기 자녀들을 심한 방법을 써서 다치게 함으로 그 아이들을 훈련시키거나 가르치나 하고 항상 물어 봅니다. 그들은 자녀들을 사랑하는 자기들에게 어떻게 그런 말을 하는가 하고 깜짝 놀랍니다. 그렇지만 하나님도 변함없는 사랑으로 우리를 사랑하시지 않으십니까? 요한일서 4:16은 우리에게 말씀하길 **"… 하나님은 사랑이시라…"** 그래서 우리 사랑하는 아버지가 암 같은 병을 그분의 자녀에게 생기도록 하는 그런 끔찍한 행위를 할 수 있는 분이라고 생각됩니까? 우리는 우리 아이들에게 그런 일을 절대 할 수 없는 데 말이지요. 여러분 우리가 경배하는 하나님은 그런 분이 아니십니다.

하나님은 정말 누구와 같으십니까?

하루는 제자들이 예수님께 하나님 아버지는 누구와 같으냐고 물었습니다. 예수님은 너무 놀라셨습니다. **"내가 이렇게 오래 너희와 함께 있으되 네가 나를 알지 못하느냐 나를 본 자는 아버지를 보았거늘…"**(요 14:9). 예수님은 하나님 아버지의 구약성경에 나타나심을 분명하게 말씀하셨습니다. **"각양 좋은 은사와 온전한 선물이 다 위로부터 빛들의 아버지께로서 내려오나니 그는 변함도 없으시고 회전하는 그림자도 없으시니라"**(약 1:17).

"내가 온 것은 양으로 생명을 얻게 하고 더 풍성히 얻게 하려는 것이라"(요 10:10). 하나님은 우리의 생활 가운데 **'생명을 얻게 하고, 더 풍성히 얻게'**해 주시길 원하십니다. 예수님이 우리 죄로 인하여 죽으셨습니다. 그래서 우리는 원래 죽을 필요가 없고, 또한 우리의 연약함을 담당하셔서 우리는 병들 필요가 없습니다.

어떤 사람들은 왜 병 고침을 받기 어렵습니까?

그러면 왜 어떤 그리스도인들은 병이 고쳐지지 않습니까? 그 대답은 치유 받지 못하는 것 같은 신자들의 수만큼이나 다양합니다. 여기에 몇 가지의 일반적 이유가 있는데 꼭 여러분의 개인적 참고로만 사용하시기 바랍니다.

1. 그리스도인의 삶 가운데 고백하지 않은 죄로 인하여 (시 66:18).

“내가 내 마음에 죄악을 품으면 주께서 듣지 아니하시리라” “그러므로 누구든지 주의 떡이나 잔을 합당치 않게 먹고 마시는 자는 주의 몸과 피를 범하는 죄가 있느니라 사람이 자기를 살피고 그 후에야 이 떡을 먹고 이 잔을 마실지니 주의 몸을 분변치 못하고 먹고 마시는 자는 자기의 죄를 먹고 마시는 것이니라 이러므로 너희 중에 약한 자와 병든 자가 많고 잠자는(미리 죽은) 자도 적지 아니하니”(고전 11:27~30).

2. 암 같은 특정한 병을 두려워하여 질병의 귀신에게 문을 열어 놓음.

3. 하나님의 말씀을 안 믿거나 모르는 것.

4. 너무 힘든 일의 부담이나 적절한 휴식과 영양 부족으로 무리하여 몸과 마음이 망가짐.

5. 그리스도인이 하나님 자녀로서의 권리를 모르기 때문에 무심코 받아 드린 유전적 허약함과 질병.

6. 여러 가지 비합리적 이유로 무의식 중에 아프기를 원하는 몇몇 사람들.

7. 사람들이 계속 하나님의 영 대신 육신 안에서 행할 때.

"육체의 일은 현저하니 곧 음행과 더러운 것과 호색과 우상 숭배와 술수와 원수를 맺는 것과 분쟁과 시기와 분냄과 당 짓는 것과 분리함과 이단과 투기와 술 취함과 방탕함과 또 그와 같은 것들이라 전에 너희에게 경계한 것 같이 경계하노니 이런 일을 하는 자들은 하나님의 나라를 유업으로 받지 못할 것이요"(갈 5:19~21).

교회는 위의 문제들 중 하나만이라도 가진 사람들을 위해서 기도 할 수 있습니다. 그러나 그들은 겉으로는 정상적인 것처럼 보여도 그 문제들이 바로 해결되지 않는 한 병이 고쳐지지 않을 것입니다. 하나님은 자신의 말씀에 의해 구속되시며 그 약속은 조건부입니다. 우리가 말씀에 순종하고 말씀을 믿고 말씀대로 행하면 우리는 말씀이 약속하는 대로 똑같이 응답을 받습니다.

하나님은 어떤 영혼도 멸망하는 것을 바라시지 않습니다. 그러나 하나님은 그들이 구원받기를 열망하심에도 불구하고, 예수님에 관해 듣고 말씀이 가르치는 대로 똑같이 예수님을 그들의 구세주로 받아들이지 않는 한 그들은 멸망할 것입니다.

당신이 상기 체크 리스트를 다 검토해 보고 모든 문이 정말로 닫혀 있다고 생각하면 마귀는 당신의 삶을 그냥 지나칠 것입니다. 말씀 위에서서 하나님 말씀대로 당신도 병 고칠 수 있도록 구하십시오.

하나님이 병을 고치시는 몇 가지 방법

1. 기름을 바르고 – 믿음의 기도

야고보서 5:14, 15에 **"너희 중에 병든 자가 있느냐 저는 교회의 장로들을 청할 것이요 그들은 주의 이름으로 기름을 바르며 위하여 기도할지니라 믿음의 기도는 병든 자를 구원하리니 주께서 저를 일으키시리라"** 말씀하셨습니다. 기름이 이마에 닿을 때 그 사람은 그 순간에 병 고침을 받도록 그의 믿음을 풀어줍니다.

2. 합심함

마태복음 18:19, 20에 **"진실로 다시 너희에게 이르노니 너희 중에 두 사람이 땅에서 합심하여 무엇이든지 구하면 하늘에 계신 내 아버지께서 저희를 위하여 이루게 하시리라 두 세 사람이 내 이름으로 모인 곳에는 나도 그들 중에 있느니라"** 말씀하셨습니다. 여기서 접점은 합심입니다. 당신과 같이 기도하는 사람들에게 당신과 그들이 서로 명확하게 합심할 것이 무엇인지 그들에게 확실히 얘기하십시오. 그들과 당신의 기도 제목이 다르면 합심이 안 됩니다. 물론 19절에 "무엇이든지"는 병 고치는 것도 포함되어 있습니다.

3. 손을 얹음

마가복음 16:17, 18에 **"믿는 자들에게는 이런 표적이 따르리니… 저희가 내 이름으로… 병든 사람에게 손을 얹은즉 나으리라 하시더라"**

많은 사람들이 생각하기에 믿음의 영적인 거장들만이 이러한 사역에 역할을 할 것 같지만 예수님은 단순히 어느 믿는 자든지 신실한 믿음이 있으면 이런 결과를 얻을 수 있다고 말씀하십니다. 사실은 건전하게 믿는 자들에게는 이런 표적이 따르게 될 것입니다. 바로 이런 사람들, 하나님의 말씀을 진실로 믿고 그 말씀에 따라 행하는 믿음의 사람들을 오늘날 이 세상이 소리쳐 부르고 있는 것입니다.

4. 병 고치는 은사

고린도 전서 12:8~11 **"어떤 이에게는 성령으로 말미암아 지혜의 말씀을, 어떤 이에게는 같은 성령을 따라 지식의 말씀을, 다른 이에게는 같은 성령으로 믿음을, 어떤 이에게는 한 성령으로 병 고치는 은사를, … 이 모든 일은 같은 성령이 행하사 그 뜻대로 각 사람에게 나눠 주시느니라"** 어떤 그리스도인들은 병 고치는 은사를 갖고 사역을 하고 있는 사람들로부터 기도를 받을 수만 있으면 병이 치유될 것이라고 잘못 믿고 있습니다. 그것은 필연적인 것은 아닙니다. 그럴 수도 또 그렇지 않을 수도 있습니다. 은사들은 꼭 성령이 나눠 주시는 대로 역사합니다. 병 고치는 은사는 하나님이 치유하는데 쓰시는 그 밖의 방법들과는 다르게 작용합니다.

마태복음 7:7~11 **"구하라 그러면 너희에게 주실 것이요 찾으라 그러면 찾을 것이요 문을 두드리라 그러면 너희에게 열릴 것이니 구하는 이마다 얻을 것이요 찾는 이가 찾을 것이요 두드리는 이에게 열릴 것이니라… 너희가 악한 자라도 좋은 것으로 자식에게 줄줄 알거든 하물며 하늘에 계신 너희 아버지께서 구하는 자에게 좋은 것으로 주시지 않겠느냐"**

믿는 사람들로서 우리 아버지께서 말씀에 약속하신 것을 우리는 믿음으로 받습니다. 거기에는 하나님의 치유도 포함되어 있는 것이 확실합니다. 이것이 그리스도의 몸의 지체들에게 치유를 베푸시는 하나님의 방법입니다. 그러나 병 고치는 은사를 통해서는, 사람들이 보통 치유되는 조건을 갖추었든 아니든, 구원을 받았든지 아니든지 심지어 그들이 원하든 원치 않든 간에 병 고침을 받을 수 있습니다. 그것은 성령의 뜻대로 입니다.

캐롤(Carol Robeson)이 코스타리카에서 한 여인에게 하나님이 그녀의 관절염을 고칠 수 있다고 말하였을 때 사람들 앞에서 캐롤을 실없게 만들었습니다. 기도 드린 후에 놀랍게도 그 여자의 꼬인 손가락이 그녀가 바로 보고 있는 가운데 펴지기 시작했습니다. 그 여자는 나중에 절망적으로 전화를 걸어 이제 병은 나았으나 정부로부터 받는 장애자 보상금을 못 탈까 봐 걱정이 된다고 했습니다.

치유의 은사는 보통 이적의 '징표'로서 하나님의 권능, 사랑과 자비를 직접으로 해당된 사람들에게, 또 일반적으로 이 세상에 보여 주기 위한 것입니다. 은사는 그 은사가 흘러나오는 대리인에 의해 좌우되지 않습니다. 은사자는 그 은사를 아무 때나 마음대로 키고 또 끌 수가 없습니다. 우리는 주님이 원하는 대로 성령이 행하실 때 그 이루신 것에 대해 주를 찬양할 뿐입니다.

예수님은 미문에 앉은 앉은뱅이를 수없이 지나치며 한 번도 치유해 주지 않으셨지만(행 3:1~10 & 4:1~4) 그러나 어느 날 베드로와 요한이 성전에 들어 갈 때 성령이 일하기 시작했습니다. 그 결과로 여러 가지 일들이 생겼습니다.

(1) 나면서 앉은뱅이 된 사람은 믿음이래야 고작 구걸하는 것 밖에 없었는데도 순간적으로 치유를 받음.

(2) 구경꾼들이 무슨 일이 일어났는지를 보았고 '… 그의 당한 일을 인하여 심히 기이히 여기며 놀람.'

(3) 모든 백성이 행각으로 달려가니 베드로가 즉석에서 그들에게 복음을 전하였음.

(4) 말씀을 들은 결과로 5000명이 그리스도를 믿게 되었음.

(5) 그리스도의 권능의 소식이 그 지역 전체에 퍼졌음.

우리는 하나님은 여전히 진리이시며 살아계신 하나님이라는 것을 보여 주기 위하여 오늘날 우리가 사는 세상에서 이러한 성령의 역사를 간절히 필요로 합니다.

고린도전서 14:1은 신령한 은사를 사모하라고 교훈하십니다. 그러한 것이 없으면 우리는 또 하나의 종교에 불과할 뿐입니다.

5. 기도할 때는 받은 줄로 믿으십시오

마가복음 11:24 **"그러므로 내가 너희에게 말하노니 무엇이든지 기도하고 구하는 것은 받은 줄로 믿으라 그리하면 너희에게 그대로 되리라." '무엇이든지 구하는 것'**은 병 고침을 포함하는 것이 자명합니다.

나는 이것이 믿음을 가진 온전한 그리스도인들이 치유를 받아야 할 길이라고 믿습니다. 기름이나 합심하는 것이나 안수하는 것이 필요한 것은 아닙니다. 물론 그것들이 다 하나님 말씀 안에서 절대적으로 옳고 적절한 것이기는 합니다만, 아무도 그런 일을 해줄 사람이 주변에 없을 때 그럴 필요가 생긴다면 어떻게 하겠습니까?

우리는 라틴 아메리카의 부흥 집회에서 개종한 새 신자들에게 믿음의 형제가 함께 있을 때나 없을 때나 하나님의 약속을 받기 위해서는 충분한 믿음을 갖는 것이 그들의 책임이라고 가르쳤습니다. 나는 그들에게 묻되 "만일 당신이 홀로 커피 원두를 따는 일을 하고 있을 때 코랄 독사가 발가락을 물었다면 어떻게 하시겠습니까? " (코랄 독사에 물리면 치명적이라 독기가 10초 내에 퍼집니다.) 그리고 이렇게 가르쳤습니다. “당신은 10초 내에 효험을 보는 믿음을 가져야 합니다 그렇지 못하면 죽던지 최소한 다리를 잃게 되지요.” 나는 그들이 매일 밤마다 하나님 말씀을 들으며 그들의 마음속에 믿음을 키우는데 놀랐습니다.

우리가 오레곤에서 처음 목회하던 교회의 한 여인을 기억하는데 그가 찬장을 닦고 있는데 흑거미가 물었습니다. 순간적으로 마가복음 16:18의 구절이 그 여자의 심령에 스치고 지나갔습니다.

“뱀을 집으며 무슨 독을 마실지라도 해를 받지 아니하며….”

그 여자는 예수의 이름으로 그것을 꾸짖고 아무런 해도 입지 않았습니다.

이것은 환상이 아니고 오늘날 모든 믿는 사람 각자에게 필요한 기초적인 신약성경의 가르침을 얘기하고 있는 것입니다. 가슴 아픈 사실은 많은 사람들이 하나님의 진리에서 멀리 빠져 나가버려서 이러한 종류의 내용을 회의와 정말 못 믿을 것으로 보고 있다는 것입니다. 우리는 대적의 속임수를 못 보십니까? 역사상 어느 때보다 더 믿음에 대해 가르치고 설교해야 할 필요가 있는 때에 우리는 어떤 가르침이 더 옳으냐, 아니냐, 우리 것이냐 하고 엉뚱한 말싸움으로 시간을 보내고 있습니다. 그 동안에 세상은 악의 세력이 그들을 집어 삼키지 못하게 할 것을 찾으며 소리치고 있습니다. 하나님은 우리의 보잘 것 없음을 이기고 일어나 복음으로 땅끝까지 이르도록 우리를 도우십니다.

우리는 죽지 않을까요?

"만약 하나님이 하나님의 말씀의 조건들을 다 충족하게 하는 사람들은 누구나 다 치유하길 원하신다면 우리는 결코 죽지 않을 것이다."하고 어떤 사람이 제시를 했습니다. 아니지요. 우리는 죽을 것입니다. 성경이 그렇게 말씀하시니까요.

"… 한번 죽는 것은 사람에게 정하신 것이요…"(히 9:27). 죽음만이, 공중 들림의 경우를 제외하고는, 우리가 죄 많은 육신에서 자유롭게 되고 우리가 그리스도를 우리의 구세주로 영접했을 때에 하나님이 창조하신 새로운 피조물을 위해 예비하신 영생의 몸으로 되는 유일한 길입니다.

그날이 올 때까지는 병 고침은 우리가 영생토록 가질 완전한 건강의 예표인 것입니다. 우리는 주와 함께 거하도록 하나님이 우리를 집으로 데려가실 선택을 하는 그 순간까지 - 한 순간도 틀리지 않게 - 삶을 살아 나갈 것입니다. 죽음은 고통이 아니라 단지 땅에서 천국으로 가는 진급일 뿐입니다(고전 15:55). 그러나 우리들이 이 땅의 장막 속에 살고 있는 동안은 하나님이 건강을 주셨습니다.

핍박에 대하여

사도 바울의 그 유명한 육체의 가시가 바로 핍박이었습니다. **"여러**

계시를 받은 것이 지극히 크므로 너무 자고하지 않게 하시려고 내 육체에 가시 곧 사단의 사자를 주셨으니 이는 나를 쳐서 너무 자고하지 않게 하려 하심이니라"(고후 12:7). 희랍 성경의 영어 해석을 위한 중요한 어휘 목록과 어구 색인(저자 E. W. Bullinger) 페이지 119에는 **'쳐서(buffet)'**는 **'주먹을 꽉 쥐고 치다'**로 되어 있습니다. 11장 24~30절에는 사도 바울은 매 맞은 것, 돌로 맞은 것, 파선한 것 등을 열거하고 있는데 이 일들은 그를 틀림없이 그리스도를 인하여 박해 받은 사람들 중 세계 챔피언 대열에 올려놓을 수 있습니다.

이 말은 바울과 그의 동료 사역자들이 결코 병나지 않았다는 얘기가 아닙니다. 그들은 오늘날 우리가 하는 것같이 그리스도께서 이루어놓으신 치유를 그들의 몸에 적용해야만 했습니다. 사도 바울은 그러나 굴복하지 않았습니다. 주께 영광을 돌리기를, **"그러나 이 모든 일에 우리를 사랑하시는 이로 말미암아 우리가 넉넉히 이기느니라"**(롬 8:37) 말합니다.

당신 자신의 생활을 점검하여 당신 주변에 마귀가 발판을 만들 수 있는 열려 있는 곳이 없도록 확인하시기 바랍니다. 만일 있으면 하나님 말씀대로 처리하고 하나님의 약속에 마음을 놓고 맡기십시오. 어떤 때는 기적이 우리가 바라는 것같이 즉각적으로 나타납니다. 그러나 대개는 병 고치는 것은 우리가 믿음의 길로 행할 때 한걸음씩 점차적으로 나타납니다.

만일 당신의 삶 가운데 열린 데가 없으면 하나님의 약속대로 병이

고쳐질 것을 주장하면서 마귀가 단지 당신을 이용하려고 애쓸 뿐이라는 것과 당신은 예수의 이름으로 마귀를 대적할 모든 권리를 가지고 있다는 것을 확인해도 좋습니다. 때때로 마귀는 재미 삼아 우리를 괴롭힙니다.

약을 쓰는 것은 죄가 아닙니다

당신이 완전한 치유를 받을 수 있을 때까지 약을 쓰는 것은 죄가 아닙니다. 의사들은 질병과 싸우는데 도움을 줄 수 있는 놀라운 능력을 하나님으로부터 받았습니다. 그렇지만 잘못될 수도 있으므로 의료 기술에 완전한 믿음을 갖는 것은 항상 현명하지는 않습니다. 하나님의 자녀들로서 의학적 진단이 어떻든지 간에 우리를 고쳐준다고 약속하신 더 높으신 이의 능력을 우리는 받을 수 있습니다.

믿음을 굳게 하는데 당신이 해야 할 일을 하십시오. **"그러므로 믿음은 들음에서 나며 들음은 그리스도의 말씀으로 말미암았느니라"**(롬 10:17). 말씀을 들을 때 하나님 말씀에 우리의 마음 문을 더 열면 우리의 믿음이 더욱 강해져서 드디어 우리의 몸이 약을 거부하는 반응을 하고 우리가 치유되었다고 확신하는 날이 오게 됩니다. 어떤 이들은 병세는 아직 남아 있지만 완전히 치유된 것을 알고, 성령이 재촉하여 X-ray를 더 찍어 보라고 요청합니다. 성령이 우리에게 인도하는 대로 우리는 따라야 합니다. 단지 성령이 당신의 마음이 아닌 당신의 영에게 말하는지, 또 그것이 하나님의 말씀에 의거한 것인지 꼭 확인하십시오. 나는 성령께서 말씀할 때는, 조금도 의심 없이 치유되었다는 완전한 확신이 생깁니다.

때로는 치유가 진행되는 동안에 의사에게 돌아가서 약의 투여량을 줄여 달라고 하는 것이 현명합니다. 온전한 치유로 건강진단을 당당히 받을 수 있습니다.

오래 끄는 병

질병의 귀신은 오래 가는 병이나 만성질환에 관여한 듯싶습니다. 사도 요한이 이러한 문제를 가진 사람에 대한 얘기를 합니다.

"거기 삼십팔 년 된 병자가 있더라 예수께서 그 누운 것을 보시고 병이 벌써 오랜 줄 아시고 이르시되 네가 낫고자 하느냐 병자가 대답하되 주여 물이 동할 때에 나를 못에 넣어 줄 사람이 없어 내가 가는 동안에 다른 사람이 먼저 내려가나이다 예수께서 가라사대 일어나 네 자리를 들고 걸어가라 하시니 그 사람이 곧 나아서 자리를 들고 걸어 가니라…"(요 5:5~9).

"병" 또는 **"허약한"**이라는 단어들은 자리보전 환자나 만성질환 환자들이 체험하듯이 연약하고 가냘프고 기운이 없는 사람으로 표현됩니다.

이 강한 자의 이름은 킹 제임스판 성경 이외에서는 아마도 "병의 귀신(spirit of disease)"이라는 말로 번역되었고 일반적으로 거의 모든 병을 포함할 것입니다. 대개는 오래 끄는 병들의 종류가 우리에게 영향을 주는데 그 이유는 다음과 같은 병들에 한번 걸리면 그 사람은 그의 기운을 완전히 회복하기가 어렵기 때문입니다; 즉 암, 관절염, 알레르기, 근위축증, 여러 가지 경화증, 심장문제, 천식, 습진, 기종, 녹내장, 혈우병 소아마비, 당뇨병, 파상풍, 편두통, 골수염, 파킨슨병, 류마티스 그리고 폐결핵 물론 이것은 완전한 리스트는 아니지만 우리가 얘기하고 있는 것에 대한 일반적 개념을 알려 줄 것입니다.

하늘이 내리는 수혈

위에 열거한 질병들 가운데 많은 것들은 유전이나 가계에 관계된 병약함으로 한 세대로부터 다음 세대로 전해 내려 온 것임을 유의하십시오. 그렇지만 우리가 단지 어떤 혈통계열에 속해 있다고 해서 자동적으로 물려받아야 하는 것은 아니라는 것을 기억하십시오. 예수의 이름으로 그런 가문적 '흠'을 이겨 내십시오. 우리는 하나님의 피를 '수혈'받아 지금은 하나님 가족에 속해 있습니다.

두려움 없이 기도 하십시오

하나님 말씀이 진리라고 믿으시면 중병에 걸린 사람들 위해 무서워 말고 기도하십시오. 예수님이 제자들에게 말씀하시기를 **"내가 너희에게 뱀과 전갈을 밟으며 원수의 모든 능력을 제어할 권세를 주었으니 너희를 해할 자가 결단코 없으리라"**(눅 10:19). 사탄은 우리가 마음으로 믿으며 하나님의 말씀에 따라 말하고 하나님의 가족이 될 때 우리를 두려워할 것입니다.

나는 예를 들어, 암 환자를 위해 기도할 때 그들의 몸속의 세포를 파괴하려고 힘쓰는 병의 귀신을 책망하고 결박해 버립니다. 그리고 나는 그들의 몸 안으로 생명의 영을 풀고 모든 세포가 건강하고 약동하여 살아 있는 세포가 되어 하나님께 영광 돌리도록 명령합니다.

기도

이제 당신의 몸 안에 고통당하는 분들을 위하여 믿음의 기도로 기도를 드리겠습니다. 아버지 히브리서 4:16에서 저에게 가르쳐 주신대로 나는 예수의 이름으로 주님 앞에 담대히 나아갑니다. 나는 주님의 치유의 능력이 언제나 그랬듯이 오늘도 힘이 있으심을 감사합니다. 나는 당신의 말씀을 믿음으로 바로 지금 당신이 고쳐주심을 받습니다. 나는 주님이 나의 병을 거두시고 나의 아픔을 지신다면 이제는 주님이 채찍에 맞음으로 내가 나음을 입었다고 믿습니다.

적을 결박 하십시오

'무엇이든지 너희가 땅에서 매면 하늘에서도 매일 것이요'라고 말씀하신 마태복음 18:18에 따라 나는 예수의 이름으로 질병의 귀신을 묶노라. 나는 너에게 나사렛 예수 그리스도의 이름으로 명하노니 나를 건드리지 말고 나를 다시는 괴롭히지 않도록 돌아오지 말지어다.

하나님의 능력을 푸십시오

예수님 나를 치유해 주시니 고맙습니다. '무엇이든지 땅에서 풀면 하늘에서도 풀리리라'고 약속하신 마태복음 18:18에 따라 나는 생명의 영을 나의 몸 속의 모든 세포 속으로 풉니다. 나는 나의 믿음이 강해지고 성장하도록 주님의 말씀을 듣기로 약속합니다. 나는 오늘부터 계속해서 나를 치유해 주신 것에 대해 주님을 찬양하겠습니다. 아멘.

MEMO

벙어리 되고 귀먹은 귀신

마가복음 9:17~29

마태복음 18:18에 의하면…

매다 : 벙어리 되고 귀먹은 귀신
풀다 : 생명의 부활과 병 고치는 은사
롬 8:11 ; 고전 12:9

제8장

벙어리 되고 귀먹은 귀신 (Dumb and Deaf sprit)

당신이 이 책을 읽을 때 마귀가 두려움의 영을 이용해서 당신을 겁먹게 하지 못하도록 하십시오. 만일 두려움이 분명하게 느껴지면 딱 멈추고 예수의 이름으로 그것을 책망하십시오. 사탄은 그의 왕국에 대항하여 우리가 마음대로 사용할 수 있는 능력을 가지고 있다는 것을 계속 모르게 하려고 합니다. 그러니 편안한 마음을 가지고 하나님의 말씀이 무엇을 말하는지 배우기 바랍니다.

벙어리와 귀머거리 (Dumb and Deaf)

우리가 이 강한 자의 이름을 따게 된 배경은 마가복음 9장 17~29절입니다.

"무리 중에 하나가 대답하되 선생님 벙어리 귀신 들린 내 아들을 선생님께 데려왔나이다 귀신이 어디서든지 저를 잡으면 거꾸러져 거품을 흘리며 이를 갈며 그리고 파리하여 가는지라 내가 선생의 제자들에게 내어 쫓아 달라 하였으나 저희가 능히 하지 못하더이다

대답하여 가라사대 믿음이 없는 세대여 내가 얼마나 너희와 함께 있으며 얼마나 너희를 참으리요 그를 내게로 데려오라 하시매 이

에 데리고 오니 귀신이 예수를 보고 곧 그 아이로 심히 경련을 일으키게 하는지라 저가 땅에 엎드러져 굴며 거품을 흘리더라 예수께서 그 아비에게 물으시되 언제부터 이렇게 되었느냐 하시니 가로되 어릴 때 부터니이다 귀신이 저를 죽이려고 불과 물에 자주 던졌나이다 그러나 무엇을 하실 수 있거든 우리를 불쌍히 여기사 도와 주옵소서

예수께서 이르시되 할 수 있거든이 무슨 말이냐 믿는 자에게는 능치 못할 일이 없느니라 하시니 곧 그 이이의 아비가 소리를 질러 가로되 내가 믿나이다 나의 믿음 없는 것을 도와 주소서 하더라 예수께서 무리의 달려 모이는 것을 보시고 그 더러운 귀신을 꾸짖어 가라사대 벙어리 되고 귀먹은 귀신아 내가 네게 명하노니 그 아이에게서 나오고 다시 들어가지 말라 하시매,

귀신이 소리지르며 아이로 심히 경련을 일으키게 하고 나가니 그 아이가 죽은 것 같이 되어 많은 사람이 말하기를 죽었다 하나 예수께서 그 손을 잡아 일으키시니 이에 일어서니라 집에 들어가시매 제자들이 조용히 묻자오되 우리는 어찌하여 능히 그 귀신을 쫓아 내지 못하였나니까 이르시되 기도 외에 다른 것으로는 이런 유가 나갈 수 없느니라 하시니라"

그 아이는 귀신에 의해 강제적으로 정상적인 사람의 행위와 어긋나게 행동했으므로 이것은 명백히 귀신 들린 경우라고 쉽게 알아볼 수 있습니다.

어리석으나 바보는 아니다

우리가 알기로 귀신들은 언제나 변함없이 사람들로 하여금 엉뚱한 일들을 하도록 합니다. 왜냐하면 사탄은 기본적으로 어리석기 때문입니다. 그는 실제로 하나님을 그의 보좌에서 끌어내릴 수 있다고 생각했습니다. 그것은 분명히 옳은 생각이 아닙니다. 사탄의 행동은 어리석은 것이지만 그렇다고 하여 우리는 사탄을 얕잡아보고 방어를 느슨히 할 수 있다는 뜻은 아닙니다. 왜냐하면 사탄은 우리를 넘어트릴 때 사용할 수 있는 인간성에 대한 방대한 지식을 아직도 가지고 있기 때문입니다. 그렇다고 우리는 그에게 의당히 받을 만한 평가보다 더 점수를 주어서도 안 될 것입니다.

마귀의 영향 하에 있을 때 사람들이 무엇을 하는지 꼭 따져 보십시오. 그들은 괴상한 소리를 내고 괴상한 짓을 합니다. 다른 사람들은 다 입었는데 그들은 벗어버리길 원합니다. 조용해야 할 상황에서 떠들고 또 그 반대이기도 합니다. 내가 인도하던 집회 때에는 술주정뱅이들이 막무가내 마이크 쪽으로 와서 멍청한 소리를 하는 것을 막느라고 강단 양쪽에 사람들을 지키게 해야 했습니다.

하얀 연통(담배)을 들어 마셔서 폐암에 걸리는 것은 어리석은 짓입니다. 사람들이 인사불성이 될 정도로 술을 마신 후 차를 운전함으로 소중한 목숨을 앗아가는 것도 어리석은 일입니다.

예수님은 자유를 주십니다

예수님의 나타나심은, **"… 마귀의 일을 멸하려 하심"**(요일 3:8)입니다. 예수님이 그것을 성취하셨기 때문에 우리도 이제는 두려움 없이 예수님의 이름으로 사탄을 다스릴 수 있습니다. 우리가 사탄의 지배하에 있던 많은 사람들에게 '예수님의 전능하신 이름으로 사탄에게 떠나가라'는 명령을 내렸을 때, 그들이 바로 정상적인 사람으로 행동하는 것을 보았습니다.

우리의 권세 (Our Authority)

예수님께서 승천하시기 전에 그의 믿음의 지체들에게, 주님이 그 따르는 표적으로 말씀을 확실히 증거 하시면서 예수님이 그들과 같이 일하셨던 것처럼, 그들이 이룩하여야 할 일의 내용을 간략하게 말씀 해 주셨습니다. **"곧 저희가 내 이름으로 귀신을 쫓아내며 새 방언을 말하며 뱀을 집으며 무슨 독을 마실지라도 해를 받지 아니하며 병든 사람에게 손을 얹은즉 나으리라 하시더라"**(막 16:17, 18).

우리는 뱀을 집어 보려고 찾아다니지는 않는 것처럼 - 어떤 사람들은 잘못 생각해서 능력을 시험해 보려고 그렇게 하기도 합니다만 - 귀신들을 쫓아내려고 찾아다니지는 않습니다. 그러나 하나님이 우리에게 맡기신 삶의 영역에서 사탄의 역사(the works of Satan)에 부딪칠 때는 우리가 성경적으로 그들을 다루면 귀신들은 꼭 복종하게 되어 있습니다.

우리가 앞서 말한 대로 실제로 귀신 들리는 마지막 상태로 끌어갈 수 있는 여러 단계의 괴롭힘과 중압감이 있습니다. 그러므로 물론 우리가 각 상황을 다루는 방법도 그에 따라 각각 다릅니다. 귀신 들린 아이의 경우에는 그 아이가 예수님이 지시하시는 대로 따를 수가 없었으므로 예수님이 구원의 기도로 그 아이를 인도할 수 없으셨습니다.

귀신들은 거짓말을 합니다

예수님은 한 번밖에는 귀신들과 긴 대화를 나누신 적이 없으신 것을 유의하십시오. 대개는 그들에게 조용히 하라고 명하셨습니다. 저는 개인적으로 귀신들이 더러운 존재들이고 진실을 말하지 않기 때문에 그들과 얘기할 때 진실을 기대하지 않습니다. 그러니 말해 볼 필요도 없지요. 예수님은 사탄은 모든 거짓말의 아비라고 말씀하셨습니다. 우리들은 그들과 대화를 이끌 것이 아니라 그들을 쫓아내야 합니다.

예수님이 귀신에게 단 한 번 그의 이름이 무엇이냐고 물으셨을 때 그것이 예수님께 거짓말로 대답한 것을 아셔야 합니다! 귀신은 그의 이름이 '군대(Legion)'라고 했는데 그것은 숫자로 6000입니다(막 5:9). 그는 아마 그렇게 많은 수의 귀신이라고 예수님에게 겁을 주려고 했겠지만 허사였습니다. 그 많은 무리를 예수님 혼자서 물리치셨습니다. 요점은 귀신이 예수님에게 진실을 숨긴다든가 거짓말을 하는 존재이기에 우리에게도 똑같이 할 것이라는 것입니다.

예수님의 방법

아이가 귀신에 의하여 잡혔을 때 무리가 몰려들어 무슨 구경거리인 것처럼 그 아이를 보려는 것을 예수님께서 보시고 급히 악한 영을 나오도록 하셨습니다. 예수님은 귀신이 서커스 같은 분위기를 만드는 것을 용납하지 않으셨습니다. 이것을 공부하는 한 가지 이유는 귀신이 활용하는 정확한 영역을 빨리 알도록 하고 악한 것이 최소한으로 나타나도록 적을 빠르고 효율적으로 쫓아내기 위함입니다. 예수께서 이름으로 귀신을 부르시고, 그에게 명하여 나오고 다시 들어가지 말라고 하시매 귀신의 하던 짓이 소리를 지르며 끝났습니다.

문제 있는 아이를 다룰 때 먼저 아이의 증상이 어떠한지 부모에게 먼저 물어보고 잘 파악을 해야 합니다. 부모의 설명이 아이의 문제를 성경적 이름을 찾는데 도움을 줄 것이며(문제를 일으키는 말씀에 드러나는 귀신의 정체) 성령도 당신의 영 안에서 그것을 확인해 줄 것입니다. 당신이 강한 자의 이름을 알면 그것이 지배하고 있는 작은 영들을 다 결박하기 위해 시간을 소모할 필요는 없습니다. 그것들은 자동적으로 무릎을 꿇은 후 도망합니다.

한 개인을 다룰 때는 직접 그 일에 관계되지 않은 사람들로부터 떨어진 방에서 하는 것이 현명합니다. 그것은 주위가 산만해 지는 것을 줄일 것입니다.

아이들도 괴로움을 당할 수 있습니다

예수님이 치료하신 이 귀신들린 아이에 관한 말씀은 아이들도 또한 괴로움을 당하고 극단적인 경우에는 귀신들릴 수도 있다는 것을 증명하는데 대개는 부모들이나 조부모들이 미신에 관련되어 있었기 때문입니다. 이 책의 서두에서 말한 것처럼 사탄은 귀신의 활동에 가족이 연관되어 있기 때문에 이렇게 할 수 있는 권한이 있다고 생각합니다. 다만 부모들이 열린 문을 닫은 후에야 만 그 아이는 구원될 수 있습니다. 이 아이의 아버지가 구원을 바라며 아이를 예수께 데려 왔습니다. 예수께서 그에게 그 일에 그 아버지도 협력해야 한다고 말씀하셨을 때 "내가 믿나이다 나의 믿음 없는 것을 도와 주소서"하고 울며 부르짖었습니다.

아이의 문제에 대한 해결에 앞서 그 아버지가 예수 그리스도에 대한 믿음을 갖게 한 것을 먼저 유념해야 합니다.

영적 보호 (Spiritual Covering)

우리는 그리스도인 부모로서 우리 아이들을 기를 때 대적으로부터 지키기 위하여 아이들에게 영적인 보호막을 쳐주어야 합니다. 왜 그 아이들이 아직 어린아이일 때 영적인 수준의 반발과 고집(일반적으로 해결할 수 있는 아이들의 문제가 아닌)을 다스리지 않습니까? 십대까지 기다려서 우리가 문제에 부딪쳐야 되겠습니까? 이 죄 많은 세상에서 우리 아이들의 살아남는 것은 우리가 우리 코앞에서 그들을 채가려는 악의 세력을 제압하는 데 달렸습니다. 우리는 날마다 악의 세력에게 우리 아이들을 건드리지 말라고 명령해야 합니다.

물론 성경이 가르치는 대로 필요하다면 육체적 차원에서 훈련을 시켜야 합니다. 그리고 이렇게 해야 할 것입니다. **"마땅히 행할 길을 아이에게 가르치라 그리하면 늙어도 그것을 떠나지 아니하리라"**(잠 22:6).

우리가 상기한 모든 것들을 행하였으면 우리는 아이들이 하나님을 섬기리라는 약속의 말씀을 의지해도 좋습니다. 그렇지만 만약 우리가 이러한 부모의 책임 즉 영적 보호, 육체적 훈련, 혹은 성서적 교육을 게을리하면 우리들은 어려움을 자초하는 것입니다.

증상들 (Symptoms)

벙어리 되고 귀먹은 이 강한 자의 증상은 간질병의 몇 가지 형태처럼 거품을 흘리며, 이를 갈고, 파리하여 지고, 땅에 심하게 거꾸러지는 것 등이 나타납니다.

저희 부부가 한 집회에서 그들이 말씀을 들으려고 일정 기간 이상 참여했으면 간질이 고쳐지지 않은 경우는 한 건도 없었습니다.

이것은 어떤 종류의 귀신의 공격으로부터 구원을 받는데도 아주 중요한 요건입니다. 그 사람은, 귀신들이 항상 그렇듯이, 다시 돌아오려고 할 때 대항할 수 있도록 영적인 능력을 키우기 위하여 계속해서 말씀을 들어야 합니다(마 12:43~45). 귀신을 단지 쫓아내는 것만으로는 충분치 않고 우리는 또 하나님 말씀을 그 사람에게 주입시켜야 하고 될 수 있는 대로 속히 성령의 세례를 받게 해야 합니다. 그렇기 때문에 구원이 성공하려면 구원을 필요로 하는 사람이 증상에서 벗어나길 갈망하는 마음으로 그 일에 불을 붙이고 또 협조하여야 합니다. 그렇지 않으면, 귀신은 그 가엾은 친구를 회전문으로 만들 것입니다. **"그 사람의 나중 형편이 전보다 더 심하게 되느니라"**(눅 11:26).

간질병 환자 (Epileptic)

코스타리카 선교지의 한 젊은 여인이 하루에 70번이나 발작을 일으키던 것을 기억합니다. 한번은 그 여자가 자기 아기에게 독물을 우유인 줄 생각하고 먹이려 했는데 마침 그때 남편이 집에 돌아와서 막을 수 있었습니다. 얼마 동안 믿음으로 말씀을 들은 후 그녀의 발작은 줄어 없어졌고 완전히 고쳐졌습니다.

같은 집회에 오던 다른 소녀는 우리가 병든 사람들을 위해 기도하기 시작할 때면 어떤 종류의 주술에 빠졌다가 기도가 끝나자마자 깨어나곤 했습니다. 어느 주일날 나는 예수의 이름으로 그 귀신을 결박하라는 주님이 인도하심을 느끼고 사람들에게 그 소녀가 하나님 말씀을 계속해 듣는 한 다시는 발작하지 않을 것이라고 말했습니다. 그 집회에 오기 전엔 몇 번이나 일곱 귀신이 그 여자에게 나타나서 그녀의 조카를 죽이라고 했습니다. 그런 때에는 모든 이웃들이 그 소녀의 비명 소리를 들을 수 있었습니다. 그럼에도 그 소녀는 순간적으로 구원을 받았습니다.

자살 (Suicidal)

이 강한 자의 또 다른 증상은 자살하려는 성향입니다. **"귀신이 저를 죽이려고 불과 물에 자주 던졌나이다"**(막 9:22).

자살은 여러 가지 요인이 있습니다. 어떤 경우에는 **거짓말하는 영이나 근심의 영** 또는 둘이 합하여 피해자에게 생명은 살 가치가 없다고 말해주고 생의 끝을 마치라고 제안합니다.

그 다음엔 **자살을 강요하는 귀신**이 있습니다. 그러나 확실한 것은 자살이 시도될 때마다, 죽이는 것은 멸망시키는 자의 직업이기 때문에(요 10:10), 그것은 사탄 같은 강한 자의 소행이라는 것입니다.

누가는 중요한 이 말씀에 좀더 자세한 내용을 추가합니다. **"올 때에 귀신이 거꾸러뜨리고 심한 경련을 일으키게 하는지라 예수께서 더러운 귀신을 꾸짖으시고 아이를 낫게 하사…"**(눅 9:42).

귀신이 그 아이에게 행한 악행 때문에 귀신이 쫓겨난 후에도 예수께서 그 아이를 고쳐주셔야 할 필요가 있는 것 같습니다. 우리는 이 경우를 어떤 운전자가 속도를 내려고 엔진을 개조한 후에 액셀러레이터를 세게 밟을 때 고무 타는 냄새가 나고 달리는 속도로 인하여 커브를 돌 때 자동차가 강하게 기울어지게 하는 등 막 다루는 자동차에 비교할 수가 있습니다.

당신이 이 차를 거두면 그것을 그 사람의 손에서 건져는 냈지만 이 차를 좋은 차로 다시 만들려면 아직도 몇 번 수리를 해야만 할 것입니다. 성령을 푸는 것은 마귀를 결박하는 것 이상 중요합니다. 이 경우에는 그 아이 안에 병 고치는 성령의 영이 풀어졌습니다. 이곳 미국에서는 이러한 극단적인 장면에 별로 마주 치지 않는 이유는 그런 사람들은 이미 정신요양원에 입원을 했기 때문입니다. 약을 복용시켜 개인을 진정시켜 귀신은 그 사람을 통해 활동할 수 없게 할 뿐 입니다.

우리가 은연중에 모든 정신질환 환자들이 귀신 들렸다고 말하고 있는 것은 아닙니다. 왜냐하면 정신 문제들은 사고나 출산 시 문제 등 다른 이유가 원인이 될 수도 있기 때문입니다. 그러나 귀신들린 증상이 확실하면 우리는 예수님의 이름으로 그들을 다루면 좋은 결과를 얻을 수 있습니다. 다른 종류의 정신 질환에 대해서는 하나님 말씀에서 지시 받은 대로 우리는 믿음의 기도로 기도해야 합니다.

눈 멀고 벙어리 된 자 (Blind And Dumb)

마태복음 12:22에 귀신이 비슷한 문제의 원인인 것을 특별히 기록한 또 다른 예가 있습니다. **"그때에 귀신 들려 눈 멀고 벙어리 된 자를 데리고 왔거늘 예수께서 고쳐 주시매 그 벙어리가 말하며 보게 된지라"**

오레곤 주 포트랜드 시에서 있었던 특별 집회에서 나는 눈을 다쳐 고통 받는 부인에게 기도를 해 주었습니다. 의사들이 문제를 경감시키고 동시에 시력도 보완하려고 인조 성분을 눈에 집어넣었습니다. 그것이 터져서 그 부인은 더 어렵게 된 것을 회복하려고 수술을 더 받아야 했습니다. 나는 그 여자를 압박하는 벙어리와 귀먹은 귀신을 예수의 이름으로 결박하였습니다. 다음에 나는 그 부인에게 하나님께 자기 눈 그대로 고쳐주시길 원하는지 또는 눈 속에 새로운 부분을 만들기 원하는지를 물어 보았습니다. 그 여자는 "만일 하나님이 할 수 있다면 단지 고치시지만 말고 새 눈을 주십시오"라고 외쳤습니다.

그래서 저는 기도했습니다. "아버지 눈의 상한 부분을 새로 만들어 주시길 간구합니다. 그리고 이 눈 안에 주님의 생명의 영을 폽니다."

그녀는 울며 "오 이제 보입니다. 점점 더 잘 보이고 인조 성분도 녹아 없어져요. 나는 완전히 볼 수 있어요! " 다른 부인은 한쪽 귀가 들리질 않았습니다. 또다시 나는 그 여자를 압박하는 벙어리와 귀먹은 귀신을 예수 이름으로 결박하였습니다. 그러면서 그녀의 귀가 완전해지기를 구했습니다. 나는 그 여자의 귀에서 손가락을 떼며 그녀가 말씀을 믿음으로 고침을 받았다고 말했습니다. 그녀는 좀 낮게 들을 수는 있었으나 완전히 회복되지는 않았습니다. 그러나 우리는 우리의 느낌으로가 아니라 말씀을 믿음으로 행합니다. 나는 그 부인에게 그녀가 그 실내를 떠날 때쯤은 완전히 들을 수 있을 것이니 완치된 것에 대하여 주님께 기뻐하고 찬미하며 가라고 말했습니다. 몇 분 후에 우리는 큰 소리로 "주님께 찬양! "하는 것을 들었는데 그것은 바로 그녀였습니다. 그녀는 간증하기를, 주님을 찬양하며 실내 뒤쪽으로 가고 있었는데 귀가 펑 터지는 것 같은 소리를 들었다고 했습니다. "마치 어떤 사람이 내 귀에서 코르크 마개를 뺀 것같이 이제는 정말 잘 들려요! "라고 말했습니다.

정신적인 문제점들

편집증(Paranoid)으로 아주 가망이 없다는 선고를 받은 오레곤의 한 여인이 나에게 왔습니다. 의사들은 그 여자에게 센 약을 써서 제정신인 양 보이도록 해 왔습니다. 나는 매주 그 여자와 치유에 관한 성경구절을 같이 보며 그 여자를 위해 기도하는 것도 시작했습니다. 몇 주 후에 담당의사들은 그녀에게 독한 약들을 끊게 할 수 있었기 때문에 내가 무슨 일을 하고 있는지 기록해 달라고 부탁했습니다. 그녀가 건강한 상태로 돌아온 것은 참으로 경이적이어서 의사들이 내 방법을 본따기를 원한 것입니다.

금식 기도

마가는 9장에서 제자들이 예수님께 왜 자기들은 그 귀신을 쫓아내지 못했는지 여쭙는 것으로 그의 기록을 마칩니다. 예수님께서는 19절에서 믿음이 없는 것이 문제의 일부라고 벌써 꼭 집어 말씀하셨습니다. 그리고 일부 성경 번역자들은 예수님이 이렇게 답하셨다고 언급하고 있습니다. **"… 기도 외에 다른 것으로는 이런 유가 나갈 수 없느니라"**(막 9:29).

우리가 이런 종류의 사역을 해 나갈 때는 항상 주님을 가까이 하며 살아야 하는 것은 확실합니다. 우리의 몸이 자신의 것이라고 우리 마음대로 좌우함으로 주님이 우리에게 말씀하실 때 성령의 음성을 듣지 못한다면 우리는 몸에 음식을 주지 않음으로 훈련을 시켜 하나님이 말씀하실 때 조용히 있는 것을 배우게 해야 합니다. 그리해서 우리의 기도생활이 언제나 막힘이 없어야만 합니다.

그렇지만 사탄으로 하여금 당신이 40일 금식을 안 했으므로 그를 예수의 이름으로 떠나라고 명할 능력이 없다고 위협하지 못하게 하십시오. 우리들은 우리 자신의 이름과 능력으로 그 일을 하는 것이 아니고 예수님의 이름과 능력으로 행합니다. 예수께서 약속하시길 **"믿는 자에게는 능치 못한 일이 없느니라"**(막 9:23)하셨습니다. 따라서 예수의 이름으로 특권을 얻고 예수님이 우리에게 행하기 바라는 이적과 위업을 행하십시오.

기도

아버지 당신의 말씀이 진리임에 감사합니다. 우리는 주님의 말씀을 항상 확인함으로 의지하고 믿으며 그대로 행합니다.

사탄아! 예수의 이름으로 너의 벙어리와 귀먹은 귀신을 결박하고 '무엇이든지 땅에서 매면 하늘에서도 매일 것이요' 말씀하신 마태복음 18:18에 의거하여 나는 예수의 이름으로 너의 벙어리와 귀먹은 귀신을 결박한다. 나를 괴롭히는 짓을 지금 당장 그치기를 명한다. 내게서 떠나가서 다시는 돌아오지 말아라. 더러운 귀신아

예수님 모든 적의 세력으로부터 구해 주셔서 감사합니다. '무엇이든지 땅에서 풀면 하늘에서도 풀리리라'하신 마태복음 18:18에 따라 나는 삶 가운데 성령을 풉니다. 나는 육신과 영 가운데 완전한 일을 하기 위해 생명의 부활과 치유의 은사를 풉니다. 그리고 나는 생활의 모든 영역에서 주님이 사탄을 이긴 것을 본받겠습니다. 아멘.

MEMO

MEMO

종의 영

로마서 8:15

마태복음 18:18에 의하면…

매다 : 종의 영
풀다 : 자유, 양자의 영
로마서 8:15

제9장

종의 영 (Spirit of Bondage)

이 강한 자는 보통 다음 장에서 다룰 두려움의 영과 매우 밀접한 관계가 있습니다. **"너희는 다시 무서워하는 종의 영을 받지 아니하였고 양자의 영을 받았으므로 아바 아버지라 부르짖느니라"**(롬 8:15).

'아바'는 그리스어로 자기 아버지를 친근한 말로 부를 때 사용합니다. 그 말을 표현하는 현대의 상응하는 말은 아마 사랑을 표시하는 용어 즉 '아빠'일 것입니다. 정상적 가족 관계라면 하루 중 가장 즐거운 시간은 아버지가 일을 마치고 집에 돌아왔을 때 그의 어린 아들이나 딸이 '아빠, 아빠'하고 소리치며 그의 팔 안으로 뛰어드는 것입니다.

그 아버지는 큰 회사의 임원일지 모르고 또는 대통령일 수도 있으나 그건 상관없이 그 어린아이들에겐 그는 단지 '아빠'입니다. 그것이 하나님께서 우리들과 갖고 싶어 하시는 관계이고 우리를 그분께 불러 모으는 사랑의 아버지로서 우리를 사랑하시되 끝까지 사랑하십니다.

권한을 얻어야 합니다 (Get The Authority)

"그러므로 예수께서 자기를 믿은 유대인들에게 이르시되 너희가 내 말에 거하면 참 내 제자가 되고 진리를 알지니 진리가 너희를 자유케 하리라"(요 8:31, 32). 우리가 예수님을 우리의 구세주로 영접하고 그의 말씀을 믿으면 어느 것에도 종으로 얽매이지 않고 진정한 삶을 살 수 있는 자유를 얻게 됩니다.

죄인들은 그것을 보고 근심스럽게 말합니다. “나는 포기해야 할 것이 너무 많아서 예수를 받아들일 수 없어.” 그 죄인이 어떤 것들은 버려야만 하는 것은 사실입니다. 그러나 그는 꼭 포기해야 할 것들을 귀중하게 생각하는 잘못을 저지르고 있는 것입니다. 좋은 예는 거미줄에 걸려서 금방 잡혀 꼼짝 못하는 파리일 것입니다.

파리는 말하기를 “드디어 나는 머물기 편한 곳에. 바람이 거미줄을 좌우로 흔들어 마치 달아맨 그물침대 같군. 더이상 내 기운을 낭비할 필요도, 날아다닐 필요도 없군, 이런 생활도 별로 나쁠 건 없지.”

우리는 그에게 다시 경고합니다. “그런데, 친구, 거기에 커다란 거미가 있어 너를 저녁거리로 삼켜 버릴 텐데. 그가 너를 먹고 나면 껍질 밖에 안 남을 거야.”

“아냐, 이거 아주 좋은 생활이야. 날 내버려둬. 이렇게 사는 것이 즐거워.”

그리고 죄인은 사탄의 거미줄에 걸려 있도록 하는 나쁜 습관과 중독에 꼼짝없이 얽매여서, 앞뒤로 흔들리고 있는 것 같습니다. 그의 마지막은 죽음, 즉 하나님과 천국으로부터는 영원히 갈라지게 되는 것입니다.

하나님 말씀의 빛이 그의 상태를 정확히 드러내 보이실 때에만, 그

가여운 죄인은 그가 얻는 작은 쾌락은 마치 거미줄에 머무는 것처럼 가치가 없다는 것과 또 무서운 죄의 거미줄에서 풀려 나와야 할 필요가 있다는 것을 알 수 있습니다. 그가 주님께 부르짖으면 예수님께서 순식간에 죄에 얽매인 거미줄 같은 올무에서 떼어 주실 것입니다. 그러면 그는 그 당시 상황이 정말 어떠했는지 보게 되고 안도의 숨을 내쉬며 "사탄에게서 풀려나니 참 좋군. 예수님을 위해 사는 것은 정말 기쁘네! "하게 되는 것입니다.

자유를 굳세게 잡으십시요 (Hold Fast Your Liberty)

사도 바울은 주의 백성들에게 이렇게 말합니다. **"그리스도께서 우리로 자유케 하려고 자유를 주셨으니 그러므로 굳세게 서서 다시는 종의 멍에를 매지 말라"**(갈 5:1).

사탄의 거미줄에 매여 있는 것을 보는 것보다 더 가엾은 것이 있다면 같은 사람이 예수님에 의해 자유롭게 된 후에 거미줄에 다시 걸리는 것을 보는 것입니다. 하나님의 자유를 경험한 후에 다시 사탄의 종으로 돌아가는 것은 어처구니없는 일입니다만 그런 일이 생깁니다. 왜냐고요? 완전한 종이 되는 것은 하루에 이루어 지지 않기 때문입니다. 육신의 욕심을 만족시키기 위한 더욱더 높이다가 어느 때 갑자기 그 사람은 다시 사탄의 올무에 걸려 있는 것을 깨닫게 됩니다만 그때는 너무 늦습니다. 우리는 이런 이유로 이 교본에 줄곧 우리의 감정이 아닌 하나님 말씀을 따를 필요가 있음을 강하게 강조하는 것입니다. 그리스도와 함께 다스리고 왕이 되기 위하여서는 이 세상 미천한 것들에 종이 되게 하는 일들을 행하는 것을 중단해야만 합니다.

중독 (Addictions)

종의 영이 지배하고 있음을 보이는 몇 가지 예는 무엇에든지 중독된 것, 즉 마약, 술, 담배, 음식, TV, 컴퓨터 게임, 음란영화 그리고 비정상적인 성행위 등입니다. 다른 극단적인 음식물 중독은 **아네로시아 너보사**(Anorexia Nervosa : 경량체중이면서도 살찌는 것 무서워 안 먹는 증상) 즉 자의적 굶주림입니다. 락(Rock) 뮤직도 일부 불건전한 내용을 주입시킬 뿐 아니라 파괴적인 중독성을 가지고 있습니다. 요약하면, 그 이름이 의미하듯이 우리를 속박하여 본의 아니게 노예가 되게 하는 것은 종의 영이 일하는 범위입니다.

알코올 중독 (Alcoholism)

알코올 중독은 아마도 오늘날 이 세상에서 가장 많이 눈에 띄고 대중적인 중독입니다. 어떤 의료인들은 그것을 질병이라고 분류합니다. 그러나 하나님 말씀은 그 진단과 일치하지 않습니다. 사도 바울은 고린도전서 6:10에서 술 취하는 자는 하나님의 나라를 유업으로 받지 못하리라고 우리에게 일러 주었습니다. 하나님이 누구라도 지옥으로 보내는 단 한 가지 이유는 그들의 죄 때문입니다. 그러므로 하나님은 술 취한 것은 병이 아니고 죄라고 단정하시는 것이 분명합니다.

알코올 중독에 관련된 통계를 보면 엄청납니다.

- "술은 오늘날 미국에서 두 번째 가는 공중 보건 문제이고 점점 악화되어 가고 있습니다."
- "천만 명의 미국인이 알코올 중독자이고 이천만 명 이상이 상습적인 음주자 입니다."
- "미국인 열 명 중에 일곱이 술을 음료수처럼 마십니다."
- "복음 전도자라고 자칭하는 사람들의 삼분의 일이 술을 마시고, 전체 목회자의 절반이 술을 마십니다."
- "술이 원인이 되거나 직접 관련되어 죽는 사망자 수가 미국 내에서 매년 205,000명이라고 추산됩니다."
- "술은 이혼, 부인학대 그리고 아동 성추행의 주요 원인이 됩니다."*
- "산업 손실은 매년 630억 달러라고 추정합니다."
- "지난 10년 사이에 음주 관련된 자동차 사고로 250,000명이 죽었습니다."*
- "살인 사건의 반 그리고 모든 자살의 삼분의 일이 음주 때문입니다."*
- "알코올 중독자의 수명은 10~12년 짧아집니다."*

만약 술 중독이 질병이라면, 이 세상에서 광고로 퍼지는 병은 그것 하나밖에 없습니다. 엄청난 사상자수, 파괴, 마음의 상처와 손실에도 불구하고 광고판, 잡지나 신문, 그리고 TV와 라디오에 누구나 마셔야 하는 상품이라며 술 마시는 것을 고취하고 있습니다. 만약 술 중독이 질병이라면 왜 행정 기관에서 그 원인이 되는 '요인(Virus)'을 근절하지 않습니까?

소아마비가 유행할 때 의학계는 일체가 되어 진행을 해서 그 무서운 병을 막을 예방주사를 발견했습니다. 그렇지만 지금 더 치명적인 전염병이 퍼지고 있어도 실질적으로 아무 조치도 취해지지 않고 있습니다. "음주 운전자들에 의한 충돌 사고로 매년 120,000명의 남자, 여자 그리고 아이들이 불구가 됩니다. 우리 법원의 많은 판결은 대부분의 음주 운전자들에게 경감한 처벌을 내렸습니다. 어떤 술꾼들은 반복해서 유죄 판결을 받더니 결국 사람을 죽였습니다. 심지어는 음주 운전자들이 사람을 치워 죽이고도 종종 상응한 처벌을 받지 않고 그냥 넘어 갑니다."*

당신은 그들이 사탄의 거미줄에서 시원한 바람을 맞으며 흔들거리고 있는 것이 보입니까? 그들은 또 우리가 "거미"를 좋아하지 않는다고 우리를 돌았다고 생각합니다.

자신들이 복음전도자라고 하는 사람들의 삼 분의 일이 음주를 하고 모든 목회자들의 반수가 역시 그렇다는 통계를 주목하십시오. 상기 여러 가지 통계만을 보더라도 그리스도인이면 술은 똬리를 틀고 있는 방울뱀 같아서 멀리해야 한다는 확신을 가져야 합니다. 사실은 그것이 솔로몬이 잠언 23:31, 32에서 주는 충고입니다. 즉 **"포도주는 붉고 잔에서 번쩍이며 순하게 내려가나니 너는 그것을 보지도 말지어다 이것이 마침내 뱀같이 물 것이요 독사같이 쏠 것이며."**

그런가 하면 사도 바울이 **"… 네 비위와 자주 나는 병을 인하여 포도주를 조금씩 쓰라"**고 디모데전서 5:23에서 디모데에게 권고하는 말을 내세우며 자기 경우를 가져다 대는 사람들에게 우리는 정중하게 고린도전서 5:11에 있는, **술 취하는 그리스도인과는 사귀지도 말고 그런 자와는 함께 먹지도 말라고** 한 사도 바울의 명령에 그 주목을 끌고자 합니다. 그리고 사도 바울이 11절에 한데 묶어 취급한 것들을 보십시오. 즉 음행하는 자, 탐람하는 자, 우상숭배자, 후욕하는 자, 그리고 토색하는 자입니다.

거식증 (Anorexia Nervosa)

거식증은 겨우 지난 10년에서 15년 사이에 표면으로 나타난 종의 한 형태입니다. "그들은 그 명칭처럼 식욕이 부진하고, 자부심이 아주 낮으며 사춘기의 스트레스를 받는 많은 변화에 특히 민감합니다. 그들은 보통 억지로 운동을 하며 실제로 굶어 죽을 것 같이 보이는 데도 자기들이 살이 찐다는 말을 많이 합니다. 가끔 그들은 그 기질에서 벗어나 또 다른, 그러나 확실히 관련된 병인 대식증에 빠집니다. 이것은 잔치를 하듯이 실컷 먹고, 먹자마자 일부러 토하든가 또는 즉시 설사약 등을 먹는 것으로 그 특성을 보입니다."*

종의 영이 나타내는 모든 것을 다 따져 볼 필요는 없지만 사탄의 거미줄에 걸려 있는 것은 아주 위험하다는 것을 꼭 확실히 하고 싶습니다. 만일 당신이 이러한 종류의 행동을 하는 경향이 있다면 제발, 하나님은 당신을 구원하고 당신이 갈망하는 자유를 주기 원하신다는 것을 아십시오.

종교의 노예 (Religious Bondages)

헤어 크리쉬나(Hare Krishna), 싸이언톨로지 교회(Scientology) 그리고 짐 존슨(Jim Jones)같은 조직, 더 이름난 교파인 여호와의 증인과 몰몬 같은 여러 종교적 이단들은 이러한 강한 자에 속한다는 것을 언급하지 않을 수 없습니다 (한국의 경우 한국기독교 총연합회에서 제공하는 기독교이단을 참조하시기 바랍니다: 역자주).

어느 의식행위, 종교 혹은 조직이든 그 회원들을 관리 감독하기 위해 두려움을 사용하든가 또는 하나님의 말씀에 반대되는 규칙에 묶어 놓는 것은 보통 종의 영에 의해 주입된 것입니다. 하나님이 우리에게 주시고자 하는 것은 종이 되는 것이 아니라 자유이기 때문에 그런 것들을 알아채기는 쉽습니다.

죽음의 공포 (The Fear Of Death)

죽는 것을 무서워하는 것은 히브리서 2:15에 의하면 일종의 종의 영을 지배받고 있는 것입니다. **"또 죽기를 무서워하므로 일생에 매여 종노릇하는 모든 자들을…"**

죽음에 거의 가까웠던 80대 여자 분이 죽음에 대한 생각으로 꼼짝못하게 되었던 것을 기억합니다. 나는 예수님이 그분을 어떻게 구원해 주실 수 있는지 설명해 주었고 그분은 예수님을 영접하였습니다. 그리고 나는 종의 영과 두려워하는 영을 꾸짖고 예수 그리스도로 충만해 지도록 건강, 힘 그리고 부활의 생명을 풀었습니다. 나는 그분이 죽을 때에 평온하고, 사랑으로 아무런 두려움도 갖지 않도록 기도했습니다. 삼일 후에 나는 그분이 좋아져 일어나 걸어 다니고 가족들과 나들이도 다녀온 것을 알게 되었습니다.

또 한 부인은 위암을 앓고 있었습니다. 그 여자는 체구가 작고 연약하며 병상에 누운 그림자 같았습니다. 나는 주님께 그 여자를 평안하게 하나님 나라로 데려 가시도록 기도했고 종과 두려움의 영을 꾸짖었으며 그의 몸이 활기차게 되도록 주님께 간구하였습니다. 수일 후에 그 여자는 빠른 걸음으로 걸어 다녔습니다. 그런 즈음에 나는 어떻게 된 일인가 알아보고자 주님께 나아갔습니다. 내가 평안한 죽음을 맞으라고 기도해 준 모든 사람들이 일어나서 건강을 회복하였으니까요. 주님은 그들이 매임과 두려움에서 벗어나서 몇 달 혹은 몇 년 더 생을 즐기며 천국에 가기 전에 주님의 평강이 어떤 것인지 맛보도록 하시는 것이라고 내게 일러 주셨습니다. 주님은 정말 좋으신 분이 아닙니까?

아시다시피, 사탄은 죽음의 권세를 갖고 있었습니다. 그러나 그리스도인에게는 더 이상 갖고 있지 않습니다. 예수님이 돌아가셨을 때 음부로 내려가셨고 음부와 사망의 열쇠를 가지셨습니다(계 1:18). 이제 사도 바울은 믿는 자들에게 죽음은 **'몸을 떠나는 것은 주와 함께 거하는 그것이라고'**(고후 5:8) 확신시켰습니다. 하나도 두려울 것이 없습니다!

당신은 어떻습니까?

예수님께서는 그것을 당신에게도 해 주시길 원하십니다. 당신의 문제가 무엇이든 상관없습니다. 예수님은 당신을 자유롭게 해 줄 준비가 되어 있으십니다. 다만 우리가 해야 할 것은 우리의 죄짓는 생활을 버리고 우리는 죄인임을 인정하고 하나님의 용서를 구해야 합니다. 그러면 종의 영을 단호하게 묶어 버릴 수 있습니다.

기도 - '어찌할 수 없는 사람'위해 기도함

우리들 각자에게는 정말 죄의 종이 되어 언제 다시 거듭날 것을 거의 포기하게 된 사람이 주변에 있습니다. 아주 오랫동안 말다툼해온 끝에 그들도 우리를 상관 않고 우리도 관심을 끊게 되었습니다. 그렇지만 포기하지 마십시오. 아직 희망은 있습니다. 내가 어찌할 수 없는 사람들을 위해 기도할 때는 죄 가운데 그들을 묶고 있는 종의 영을 결박하고 그들 안에서 역사하도록 양자의 영을 풉니다(롬 8:15). 그들에게 결정의 계기를 가져오는 것은 주님의 성령입니다. 그들에게 아직 이 일에 있어 자유의지가 있습니다만 그들의 생활 가운데 종의 영이 예수의 이름으로 족쇄가 채워졌을 때 성령은 그들을 결정의 순간으로 더 빨리 이끌 수 있습니다.

예수께서 누가복음 10:2에서 우리에게 이르시되 **"… 추수하는 주인에게 청하여 추수할 일군들을 보내어 주소서 하라"**

우리가 그 사람을 주님께 인도하기 위해 우리 자신이 같이 있기는 어려울 것 같습니다. 우리는 실제로 대륙의 절반이나 떨어져 있을 수도 있습니다. 그러나 성령은 진리를 가지고 그 사람과 몇 번이고 사랑으로 대할 것입니다. 그들의 구원이 이르는 날에는 신실하신 주님께서 적절한 사람으로 그들을 돕게 하실 것입니다.

그들을 구원하기 위해 당신 역시 신실하게 간구했기 때문에 당신은 하늘의 천사들과 함께 기뻐할 수 있을 것입니다. 어떤 사람들은 속히 오고 또 어떤 사람들은 좀 더 고집이 있습니다만 하늘은 당신의 매고 푸는 기도를 모두 들어준다는 확신을 가지십시오. 당신이 결말을 볼 때까지 성령께서 당신을 툭툭 치실 때마다 매번 그들의 삶 속에 있는 적들을 결박하십시오. 성령은 신사이십니다. 그래서 기다리셨다가 그 사람의 삶에 대해 당신이 하나님의 뜻과 합심하게 될 때 일을 시작하십니다. 그들은 모르고 계속해서 문을 활짝 열고 있습니다. 그들의 삶 가운데 강한 자들을 속박할 때마다 그자들은 한동안 묶여 있고 영향력을 행사할 수 없게 됩니다. 그 사람들을 그리스도께 이끄는 일을 계속하도록 양자의 영을 풀거나 놓아주는 것을 잊지 마십시오. 어찌할 수 없는 사람은 당신도 알겠지만, 다른 강한 자들이 그들의 생활 속에서 작동하고 있을지 모릅니다. 그러니 그런 것들도 또한 묶고 주님께서 그들 안에 역사하시기 원하는 긍정적인 면, 진리의 영 같은 것을 풀어 주십시오.

개인적 권고

믿는 자로서 당신 생활 가운데 사탄이 한번 결박되면 당신은 계속해서 그를 결박할 필요가 없습니다. 그는 이미 결박되어 있습니다. 그가 돌아와서 당신의 문을 두드리려 할 때 다만 그 사실을 상기시키십시오. 만약 당신이 그의 속임수에 다시 걸려 넘어지면 처음부터 다시 당신의 삶 가운데 그의 세력을 묶는 기도를 하여 즉시 그 상황에 대적하십시오. 성령께서는 참으로 신실한 수호자이시라서 우리에게 문제를 빨리 깨닫게 하시고 그 문제들이 삶 가운데서 해결되도록 하시니 주님을 찬양합시다.

기도

사랑의 하나님, 나는 당신만이 저를 사탄의 그물에서 풀어 주실 수 있는 것을 알고 주님께 나옵니다. 나를 이처럼 사랑해 주시니 감사합니다. 나는 주님을 '아바 아버지'라고 부르길 갈망합니다. 그리고 주님의 팔이 나를 감싸 안아서 사탄이 내 눈 앞에 걸어 놓은 다른 거짓 소망을 찾을 필요가 없습니다. 그것들은 약속은 많으나 아무것도 가져 오는 것이 없는 것들입니다. 나의 죄를 용서해 주십시오. 앞으로 남은 생애에 주님을 모실 것을 약속합니다.

사탄아, 나사렛 예수 그리스도의 이름으로 너를 꾸짖는다. 그리고 '무엇이든지 땅에서 매면 하늘에서도 매일 것이요'라고 말씀하신 마태복음 18:18에 따라서 너, 종의 영을 결박한다. 나는 너의 가려진 진짜 정체, 즉 너는 습관과 종의 줄로 나를 묶어 꼼짝 못하게 하려는 영적인 '거미'인 것을 보게 된다. 예수의 이름으로 명하니 나를 건드리지도 말고 절대 돌아오지 말아라.

주 예수님, 아름다운 자유를 주심을 감사합니다. 나는 '무엇이든지 땅에서 풀면 하늘에서도 풀리리라'고 약속하신 마태복음 18:18에 의거하여 내 삶 가운데 양자의 영을 풉니다. 당신의 성령의 자유를 계속해서 영원히 누리도록 도와주옵소서. 나는 나의 삶을 위한 주님의 뜻에 순종할 수 있도록, 주님의 말씀을 읽을 것과 보이는 것이나 느낌에 따라 행하지 않고 믿음으로 행할 것을 약속합니다. 아멘.

MEMO

MEMO

두려워하는 마음

디모데후서 1:7

마태복음 18:18에 의하면…

매다 : 두려워하는 마음
풀다 : 능력과 사랑과 근신하는 마음
디모데후서 1:7

제10장

두려워하는 마음 (Sprit of Fear)

"하나님이 우리에게 주신 것은 두려워하는 마음이 아니요 오직 능력과 사랑과 근신하는 마음이니"(딤후 1:7).

두 종류의 두려움

실제로 두려움은 양성적인 것과 음성적인 것이 있습니다. 양성적인 두려움은 자신이 다치지 않도록 경험된 두려움의 대상에서 자신을 보호하는 것 같은 두려움입니다. 우리가 타오르는 불 속으로 손을 넣지 않는 이유는 그렇게 하면 우리 몸에 큰 화상을 입으리라는 것을 알기 때문입니다. 우리는 이러한 두려움을 '잠재적 경외심(deep respect)'이라고 말할 수 있을 것입니다.

나는 불이나 전기를 '두려워(경외)' 합니다. 그래서 그것들의 자연법칙에 순응합니다.

"여호와를 경외함이 곧 지혜의 근본이라"(시 111:10). 하나님은 살아 계시기 때문에 나는 그분을 경외함으로 하나님의 계명에 순종합니다.

선천적, 양성적 두려움은 만약 한 개인이 어떤 일의 본질을 제대로 파악하지 못하면 이어서 두려워하는 마음으로 발전할 수 있습니다. 예를 들어 어떤 한 사고나 커다란 비극이, 두려움이 **강한 자**에 의해 부추겨지고 확대되어, 양성적 두려움이 음성적 두려움으로 확장되게 하는 직접 요인이 될 수 있습니다.

우리는 우리의 영적인 활력이 영향을 받을 때는 두려워하는 영이 작동하고 있는 줄 압니다. 음성적 두려움은 믿음, 기쁨, 화평 그리고 사랑을 억눌러 버립니다. 그것은 그리스도인들을 결박하고, 무력하고 약하게 하며 상한 심령과 종의 영 같은 다른 영들이 이르도록 그를 나약하게 만듭니다. 두려움이 여러 종류의 질병을 유발한다고 의학계에서는 말합니다.

현실적으로, 음성적 두려움은 음험한 마귀에 대한 '믿음'입니다. 두려움이 우리 삶 속에 군림할 때에는 우리는 하나님 말씀보다 마귀가 하는 말을 믿습니다. 다음과 같은 이유로 두려움은 하나님의 법에 정 반대 됩니다. 그 이유는 **"… 두려워하는 자들과 믿지 아니하는 자들은… 불과 유황으로 타는 못에 참예하리니 이것이 둘째 사망"**이기 때문입니다(계 21:8).

믿음이 없음 (Unbelief)

예수님은 제자들이 풍랑과 싸우며 두려워하는 것을 보시고 믿음이 없는 것을 지적하셨습니다. **"어찌하여 무서워하느냐 믿음이 적은 자들아"**(마 8:26). 그들은 무엇을 두려워했습니까? 그들은 물에 빠질 것으로 생각했습니다. 그들은 죽음을 다스리는 분은 예수님인 것을 깨닫지 못했습니다. 그분은 생명이십니다! 대부분의 사람들은 죽음을 가장 두려워하는데, 그 두려워하는 것 때문에 결국 '둘째 사망'을 받게 되니 기이하지 않습니까?

두려움은 죄로부터 시작되었습니다

인간에게 두려움이 처음으로 나타난 것은 아담과 하와가 죄를 진 후였습니다. **"… 내가 동산에서 하나님의 소리를 듣고 두려워하여…"**(창 3:10). 당신은 죄와 두려움 사이에 어떤 관계가 있다고 생각하십니까? 죄인은 하나님께 불순종하여 행하고 있기 때문에 당연히 두려울 수밖에 없습니다. 멸망시키는 자가 언제라도 그를 쏘아 맞추려고만 한다면 수렵기 제철을 만난 격입니다.

사랑 (Love)

사도 요한은 말하기를, **"사랑 안에 두려움이 없고 온전한 사랑이 두려움을 내어 쫓나니 두려움에는 형벌이 있음이라 두려워하는 자는 사랑 안에서 온전히 이루지 못 하였느니라"**(요일 4:18). 아담과 하와가 범죄 하기 전에 온전한 사랑을 가졌을 때는 동물이나 여러 요소들 그리고 하나님까지도 두려워하지 않았습니다.

하나님의 말씀에 순종하는 하나님의 자녀는 절대로 두려움이 자기를 포로로 만들도록 해서는 안 될 것입니다. 특히 그가 두려움은 하나님으로부터 오는 것이 아니라고 알았을 때는 그러합니다. 즉 **"하나님이 우리에게 주신 것은 두려워하는 마음이 아니요"**(딤후 1:7). 이 말은 당신과 나는, 하나님으로부터 온 것이 아니면 무엇이나 우리를 위한 것이 아니므로, 예수의 이름으로 그것을 거부할 수 있다는 의미입니다. **"두려워 말라"**는 구절은 성경에 몇 가지 형태로 **365번이나 언급**이 되어 있습니다. 일 년 중 하루에 한번 꼴입니다. 우리는 하루라도 두려움을 참고 견딜 필요가 없습니다.

증상 (Symptoms)

두려워하는 영이 차지하고 있는 몇몇의 주요 관련된 영역은, 공포증, 악몽, 질병, 사망, 걱정, 과다한 두려움, 스트레스, 열등감 그리고 마음의 근심 등입니다.

마음의 근심 (Heart Attacks)

과학자들은 커다란 감정적인 사건들이 좋든 나쁘든 간에 심장 박동에 이상을 주어 돌연 심장마비를 일으킬 수 있다는 것을 발견했습니다. 예수님도 이것은 마지막 때의 징조라고 예언 하셨습니다. **"사람들이 세**

상에 임할 일을 생각하고 무서워하므로 기절하리니"(눅 21:26).

코스타리카 개신교회의 한 남자는 두려움에 너무 잡혀있어 삼 년 동안 자기 방에 죄수처럼 있었습니다. 하나님께서 그를 두려워하는 영으로부터 구원하시어 그는 정상적인 생활을 다시 시작했습니다.

욥의 경우 (The case of JOB)

욥기에서 어떤 그리스도인들이 질병, 아이들의 죽음 그리고 심한 고민으로 고통을 받는 것도 하나님의 뜻을 보여주기 위해 사용되는 것을 보여줍니다. 그러나 욥 자신의 말에 의하면 이 전체 이야기를 시작하게 된 문제는 두려움이었습니다. **"나의 두려워하는 그것이 내게 임하고 나의 무서워하는 그것이 내 몸에 미쳤구나"**(욥 3:25)라고 말합니다. 욥은 그의 자녀들, 재물 그리고 건강을 잃을까 두려워함으로써 사탄의 강압에 문을 연 것입니다.

사탄이 욥을 치려고 기회를 찾을 때 그에게는 욥의 인생으로 적법하게 들어올 수 있는 출입구, 즉 두려움의 열린 문이 있었고 호되게 그것을 이용하였습니다. 그때까지 하나님이 욥을 에워싸고 계셨기 때문에 사탄은 그를 건드릴 수가 없었습니다. 그리고 하나님은 욥이 자기 생각을 바로 세울 때까지 사탄을 중지시키지는 않으셨지만 그 행위를 아직도 제한시키신 것을 주목하십시오.

선한 것들은 하나님께로부터

사람들은, "이것은 하나님과 악마 사이의 싸움의 전형적인 일례이고 욥은 하나님이 쓰신 불운한 인질이었다"고 말합니다. 그러나 그것은 우리가 섬기는 의롭고, 사랑하시고, 자비로우신 하나님의 특성은 아닙니다. 그분은 어떤 말씀을 증명하시려고 우리를 아무렇게나 이리떼에게 던져 넣지 않으시고, 선한 사람들에게 악한 것으로 보상하시지도 않습니다. 오히려 반대로, **"각양 좋은 은사와 온전한 선물이 다 위로부터 빛들의 아버지께로서 내려오나니 그는 변함도 없으시고 회전하는 그림자도 없으시니라"**(야 1:17). **"너희가 악한 자라도 좋은 것으로 자식에게 줄줄 알거든 하물며 하늘에 계신 너희 아버지께서 구하는 자에게 좋은 것으로 주시지 않겠느냐"**(마 7:11).

그러면 하나님은 승리하는 모든 믿는 자들에게 욥에게 하셨다는 대로 똑같이 행하셔야 할 것이기 때문에 우리는 하나님께서 욥을 다루셨다는 대로 우리를 다루시지 않기를 바라야만 할 것입니다. 만일 그것이 우리의 운명이라면 우리가 넉넉히 이길 가치가 없지 않겠습니까?

욥의 열린 문 닫기 (JOB shut his open door)

그렇습니다. 욥이 마침내 여러 가지를 정리했을 때 **"… 여호와께서 욥의 곤경을 돌이키시고…"**(욥 42:10). 다른 의미로는 하나님이 사탄의 두려움에 집혀 있는 욥을 풀어 주셨습니다. **"여호와께서 욥의 모년에 복을 주사 처음 복보다 더하게 하시니… 그 후에 욥이 일백사십 년을 살며…"**(욥 42:12, 16). 많은 학자들이 욥기 전부가 9내지 18개월 사이에 일어난 일이라 말함으로 우리는 욥이 그의 생애에서 두려움에 승리를 한 후 140년 동안 화평, 번창함 그리고 아름다운 가정을 이루었다는 것을 알 수 있습니다.

두려움에 대한 승리

두려움과 개인적 싸움은 남편이 니카라과(Nicaragua)에 선교사로 있을 때 일어났습니다. 거슬려 올라가 보면 내가 지녔어야 할 하나님에 대한 믿음의 부족과 하나님 말씀을 읽지 못한 때문이었습니다. 우리는 마나구아 시에 살았는데 지진과 전쟁이 끊임없이 일어났습니다.

우리 집은 마나구아 외곽에 위치했었는데 거기는 사람들이 총과 칼에 붙들려 많은 강도를 당했던 곳입니다. 도둑들이 집을 터는 동안 사람들을 몇 시간이고 잡아 놓곤 했습니다. 나는 집안 살림살이에는 별로 마음이 쓰이지 않았고 우리 두 아이들과 나 자신의 안전이 더 걱정되었습니다. 남편(Jerry)은 매일 밤 시내에 있는 개신교회에 설교를 하러 가야 해서 집에 없었습니다. 나는 수없이 여러 번 전화나 자동차도 없는 데서 이른 새벽까지 아이들하고만 집에 홀로 있곤 했습니다. 어떤 때는 전기가 나가 밤늦게 까지 전등불도 없었습니다. 미국에서 방금 온 사람에게는 아주 충격적이었습니다.

내가 두려워하는 영에게 문을 열어 주면서 두려움이 내 마음을 더 빼앗을수록 여러 가지가 더 악화되었습니다. 나는 하나님의 말씀을 읽는 노력을 두 배로 늘렸어야 했지만 오히려 게을리했습니다. 그 결과 나는 걱정과 두려움으로 신체적으로 거의 병이 들었습니다. 온갖 생각이 나의 마음을 지나갔고 내가 전에 가졌던 성령의 능력을 느낄 수 없었습니다. 나는 사람들과의 관계에서 사랑한다는 말을 하기가 점점 어려워졌습니다. 정말 다 깨져버리는 느낌이었습니다.

나 자신에게 말하기를 "나의 남편이 나를 사랑한다면 왜 좀 더 많은 시간을 집에서 보내지 않을까? 왜 그이는 언제나 나가고 없는가? 어떻게 우리를 이 꼴로 놔두나?" 아시죠, 만일 내가 그 시점에서 공격자에게 어떻게 명령할 줄 알았고 또 예수의 이름으로 그에 대항할 수 있었다면 말씀의 권능으로 그 영을 이길 수 있었을 겁니다. 그러나 나는 여러 가지 힘든 과정을 겪고서야 병 고침과 자유를 받았습니다. 그 이유 때문에 나는 주님의 말씀이 영적 전쟁에 대해서 무엇이라고 말씀하시는지 공부하기 시작한 것입니다. 나는 무엇이 나를 공격하고 어떻게 막을지를 알고 싶었습니다.

주님을 찬양합시다. 그분의 말씀은 승리하기 위하여서 해야 할 것을 정확히 가르쳐 주셨습니다. 이제 나는 자유롭고 하나님의 말씀을 계속해 따르는 한 언제나 그러할 것입니다.

이 과목을 가르치는 동안 부인들은 남편이 사고로 부상을 입거나 죽을 것 같은 그들의 두려움 때문에 무서워서 아침에 그들의 남편들이 일하러 가지 못하게 했다고 고백했습니다. 그들은 자기 아이들에게 무슨 일이 일어날까 봐 마당에서 노는 것을 매우 두려워했습니다. 그들은 자기들 남편이나 혹은 다른 사람들에 의해 상처를 입을까 봐 사랑하기를 무서워했습니다. 우리 생활에서 두려움을 바르게 다루지 않는 한, 당신은 남편, 부인, 아이들 그리고 다른 사람을 거리낌 없이 사랑할 수 없는 것을 압니까? 나는 예수의 이름으로 두려움을 잘 다스릴 때까지는 하나님께서 주신 소명인 사역조차도 사랑할 수 없었습니다.

악몽 (Nightmares)

우리는 잠잘 때라도 두려움에서 해방될 수 있습니다. **"너는 밤에 놀램과 낮에 흐르는 살을 두려워 아니하리로다"**(시 91:5).

우리 딸아이들이 어렸을 때 가끔 악몽을 꾸곤 했습니다. 그래서 나는 시편 56:3을 풀어서 그들에게 가르쳐 주었습니다. **"내가 두려워하는 날에는 나는 주를 의지하리이다"** 그들은 그 후로 그 짧은 구절이 수많은 밤 동안 얼마나 자기들을 도왔는지를 몇 번이나 얘기했습니다.

실은 사람은 한 번에 한 가지씩만 생각할 수 있습니다. 우리가 고린도 후서 10:5에서 명하신 대로 모든 생각을 사로잡을 때 우리는 적을 패배시킵니다.

"모든 이론을 파하며 하나님을 아는 것을 대적하여 높아진 것을 다 파하고 모든 생각을 사로잡아 그리스도에게 복종케하니"(고후 10:5).

우리는 대적의 생각을 버리고 성경 말씀이나 주님께 대한 찬양을 생각하기 시작해야 합니다. 당신의 마음이 부정적 생각에 매여 있지 않도록 하십시오. 사도 바울이 빌립보서 4:8에서 우리에게 명한대로 **선한 것, 사랑할만하며 칭찬할만한 것 등을 생각하십시오.**

우리 딸들이 학교에 가는 길에 큰 개들이나 혹은 다른 무서운 상황을 만나면 그들은 시편 56:3의 구절을 반복하곤 했습니다. 그것은 위험한 것에 대한 자동적 반응이 되었습니다. 그들은 주님이 그들과 함께 있음을 알았고 두려움은 줄어들고 평안함이 그들의 마음에 도는 것도 알았습니다. 그렇기 때문에 우리들은 말씀으로 준비를 해놓고 필요시는 그것을 사용해야만 하는 것입니다. 두려워하는 마음은 자주 우리가 가장 약해져 있는 위기를 이용해서 우리를 갑자기 공격합니다. 그런 일이 있을 때는 우리는 두려움에 대항하여 적극적인 자세로 하나님의 말씀을 사용할 수 있습니다. 우리는 하나님이 말씀하신 것을 반복합니다. "하나님은 나에게 두려워하는 영을 주지 않으셨어. 따라서 예수의 이름으로 너를 꾸짖는다. 나는 무서워하지 않겠다. 두려워하는 영아, 예수의 이름으로 명하니 물러가라."

두려움 - 정상입니까?

어떤 사람은 이렇게 말할 수도 있습니다. "참, 겁나는 게 정상이지. 나는 일생을 그렇게 살았는데" 그렇습니다. 죄인들이 두려워하는 것은 정상입니다. 그러나 하나님의 자녀들은 그렇지 않습니다. 그리스도께서는 우리를 두려움에서 이미 구해 주셨습니다. 우리가 그 말씀을 사용하기만 하면 됩니다. 나는 당신께, 두려움의 영이 당신 생활 속으로 공포를 가져오기 위해 이용하는, 공포 영화를 보지 않도록 당부합니다. 많은 사람이 "13일의 금요일" 같은 영화, 무섭고 비틀어지고 악한 내용의 다른 영화들은 무서워하는 영이 그들을 공격하도록 문을 열어 놓는 것이라고 말합니다. 극장에서 상영될 영화의 예고편만 TV에서 보아도 사탄이 사람들을 두려움으로 결박하기 위해 이런 수단을 쓰는 것을 알게 됩니다. 그런데도 사람들은 두려움의 영에게 이렇게 괴로움을 당하는 '특권'에 돈을 내다니요 이해할 수 없습니다.

공포증 (Phobias)

공포증은 고소공포증(Acrophobia), 번갯불 공포증(Astraphobia), 밀실 공포증(Claustrophobia), 공수병(Hydrophobia), 암소공포증(Nyctophobia), 불 공포증(Pyrophobia), 사망 공포증(Thanatophobia) 등으로 모두 두려워하는 영의 한 형태들입니다. 과다하게 소심함, 걱정 또 심리적 열등감 등은 우리가 자유롭게 자기 생각을 말하지 못하게 하며 이것들은 모두 두려움에 근본 원인이 있습니다. 따라서 하나님이 계획하신 대로 우리가 우리의 인생을 자유롭고 즐겁게 살려면 이런 것들은 다 깨뜨려버려야 합니다.

성령의 세례를 받기 원하는 사람들도 두려워하는 영의 공격을 받습니다. 그 사람들에게 정말로 하나님의 성령을 받는 것이 아니고 거짓 위장된 것을 받을 것이라고 들려줍니다. 하나님의 말씀은 명백히 우리를 가르치십니다. **"너희 중에 아비된 자 누가 아들이 생선을 달라 하면 생선 대신에 뱀을 주며 알을 달라 하면 전갈을 주겠느냐 너희가 악할지라도 좋은 것을 자식에게 줄줄 알거든 하물며 너희 천부께서 구하는 자에게 성령을 주시지 않겠느냐 하시니라"**(눅 11:11~13). 예수의 이름으로 기도하면 무엇이나 우리가 구하는 것을 틀림없이 받습니다.

하나님의 말씀으로 인도함을 받으십시오

두려움을 물리칠 수 있는 가장 좋은 방법은 우리의 마음과 생각을 하나님의 말씀으로 채우는 것입니다. 그리고 사탄의 두려움에 대항하여 그것을 칼처럼 사용할 수 있습니다. 그 칼로 잘게 잘라 버리십시오. 그것이 칼의 역할이니까요. 바울은 말하기를 **"… 성령의 검 곧 하나님의 말씀을 가지라"**(엡 6:17).

여기 본 장을 시작할 때 읽은 성경구절의 마지막 부분은 적을 쓰러뜨리기 위해 필요한 모든 것을 하나님이 우리에게 주시리라는 아름다운 약속입니다.

"하나님이 우리에게 주신 것은 두려워하는 마음이 아니요 오직 능력과 사랑과 근신하는 마음이니"(딤후 1:7).

하나님께서 준비하신 이런 것들을 가지고 주님의 사랑의 자유 가운데 사십시오.

기도

두려움은 떠나가라!

아버지, 두려움은 주님으로부터 오는 것이 아닌 것을 압니다. 나는 두려움, 걱정, 의심은 적의 음성적 믿음인 줄 압니다. 내가 나를 지키시고 돌아보는 주님의 능력을 의심한 것을 용서하십시오. 나는 이제부터는 평안의 근원으로 당신을 의지하겠습니다.

공격이 끝나다

사탄아 '…무엇이든지 너희가 땅에서 매면 하늘에서도 매일 것이요…'라고 분명히 말씀하신 마태복음 18:18에 의거하여 나는 너의 두려워하는 영을 예수의 이름으로 묶는다. 나는 너의 두려움의 공격을 참지 않겠다. 지금 즉시 나를 놓고 다시 돌아오지 말지어다. 네가 나를 두려움으로 해하려 하면 나는 너에게 대항하여 성령의 검을 사용하겠다.

주님의 평강을 받으십시오

주님, 주님의 평강, 능력, 사랑 그리고 근신하는 마음을 감사합니다. '…무엇이든지 땅에서 풀면 하늘에서도 풀리리라'고 약속하신 마태복음 18:18에 의거하여 나는 주의 성령을 풉니다. 나는 주님께서 주의 자녀들을 위하여 준비하신 모든 선한 것들을 두려움이 내게서 도적질할 수 없도록 막겠습니다. 오늘 이후로는 그리스도의 마음을 구하겠습니다. 두려움으로부터 구해주심을 감사합니다. 아멘.

MEMO

유혹하는 영

디모데전서 4:1

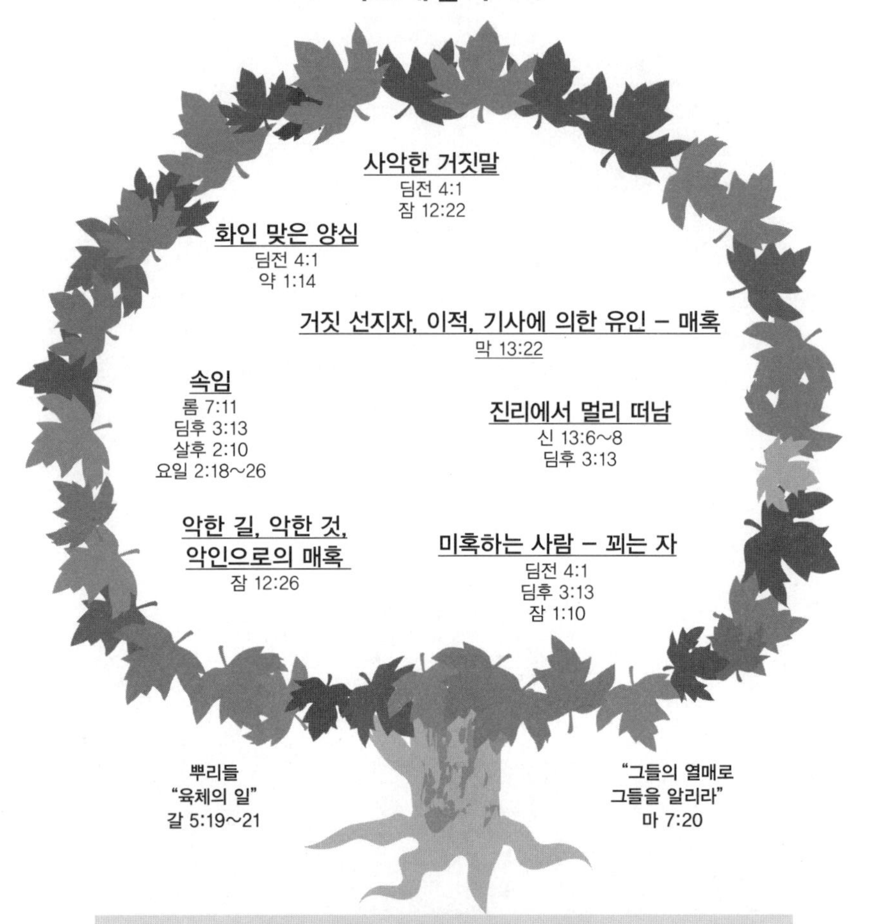

마태복음 18:18에 의하면…

매다 : 유혹하는 영
풀다 : 성령 - 진리
요한복음 16:13

제11장

유혹하는 영 (Seducing Spirits)

"그러나 성령이 밝히 말씀하시기를 후일에 어떤 사람들이 믿음에서 떠나 미혹케 하는 영과 귀신의 가르침을 좇으리라 하셨으니"(딤전 4:1).

이 강한 자들은 불가항력적으로 악해지는 우리 세대의 마지막 때에 특히 왕성하게 활동합니다. 그들의 주된 표적은 그리스도를 구세주로 영접한 사람들입니다. 사탄은 양면 작전을 씁니다. 만일 그리스도인들을 보통 저지르는 죄로 미혹할 수 없으면 그들을 얽어 매기 위하여 거짓 종교를 이용합니다. 갖가지 이유로 이 보혈로 속죄 받은 신자들이 믿음에서 떠나서 마귀가 조작한 종교를 받아들입니다.

침입자

우리들은 미국 내에 외국에서 들어온, 이색적이며 귀신의 종교와 뻔뻔스럽게도 사탄의 교회라고까지 말하는 것들이 침투해 온 것을 알고 있습니다. 이러한 종교들은 결과적으로 세계적 종교로 전성을 이룰 것인데, 거짓 예언자가 적그리스도를 세계의 지도자로 추켜세우기 위해 이것을 이용할 것입니다.

사탄은 기독교인을 명확히 어떤 식으로 미혹합니까? **"오직 각 사**

람이 시험을 받는 것은 자기 욕심에 끌려 미혹됨이니 욕심이 잉태한 즉 죄를 낳고 죄가 장성한즉 사망을 낳느니라"(약 1:14, 15).

이것은 사탄이 에덴동산에서 하와에게 사용한 똑같은 수법입니다. 미끼라 할까, 유혹이 뱀에 의하여 바로 하와 눈앞에 어른거렸습니다. **"여자가 그 나무를 본즉 먹음직도 하고 보암직도 하고 지혜롭게 할 만큼 탐스럽기도 한 나무인지라 여자가 그 실과를 따먹고 자기와 함께한 남편에게도 주매 그도 먹은지라**"(창 3:6).

하와 자신의 욕심 또는 육신의 욕망이 유혹에 응하게 할 때 죄를 지었습니다. 유혹이 **행동의 단계로 옮겨질 때 죄**가 되는 것입니다.

문을 열게 하는 약점들

악한 영들이 그리스도인들의 육신에 약한 것을 찾으면 바로 그 약한 부분을 특별히 집중해서 공격합니다. 만일 믿는 사람이 죄를 회개하면 하나님은 그를 용서하십니다. 그러나 그렇지 않고 계속 죄를 지으면 그는 점점 더 악한 영들이 그의 마음과 육체를 사로잡도록 자신을 그들에게 열어놓게 됩니다. 그가 문을 열어 놓았으므로, 사탄은 계속해서 활동하라고 초청하는 것과 같습니다.

다른 관련된 영들이 원래의 영들과 합세하기도 하여 유혹에 넘어간 그리스도인을 전과 같이 하나님께 돌아오기가 힘든 것을 알게 될 때까지 더 꽉 사로잡습니다. 그의 영은 유혹의 영으로부터 자유롭기를 갈망합니다. 그러나 하나님을 찾으려고 노력해도 결국은 그의 생활을 지배하고 있는 죄로 돌아가게 됩니다.

무력하게 됨 (Neutralization)

귀신 들린 건 아니지만 그는 죄와 여기에 따라오는 귀신의 행동 때문에 그만큼 괴로움을 당하고 압박을 받아서 어떠한 영적인 성장에 관해서든지 무력하게 된 상태입니다. 나는 그리스도인들이 질병과 경제적 문제, 구원받지 못한 가족들, 두려움, 근심 그리고 영적인 자만 등으로 무력하게 되는 것을 보았습니다.

예를 들어, 당신이 이러한 교인에게 선교 헌금을 작정하라고 요청했다고 가정해 봅시다. 그들의 응답은 적에 의하여 지배되고 있는 특정한 영역을 즉시 드러내게 할 것입니다. "글쎄, 우리 형편이 요즘 너무 나빠요. 지금 정하기 힘든데요. 그리고 우리 남편은 아직 안 믿으니까 내가 그런 일을 하면 싫어할 겁니다. 그리고 근래에 우리 식구들이 많이 아프니 내가 어떤지 잘 아시겠지요?"

이 사람은 아마도 구원 받았고 또 천국에 가길 원할지 모릅니다만 정상적 그리스도인들이 하나님의 말씀 안에서 믿음으로 이겨낼 수 있는 것들을 못 하고 있기에 하나님의 사역을 할 수 있는 효율은 완전히 없어졌습니다. 그 여자는 언제나 자기 문제들만 얘기합니다.

어떤 사람은 말합니다. "당신이 얘기한 것들은 나에겐 그렇게 죄가 되는 것 같지는 않습니다. 경제문제, 두려움, 구원받지 못한 친척들 그리고 병고 등 말입니다." 그렇지만 잘 들어 보십시오. 만일 그런 것들이 하나님이 믿는 사람에게 하길 원하시는 것을 못 하게 하면 죄가 됩니다. 무력하게 된 그리스도인 그 부인에게 왜 그런 문제들이 있는지 분석해 보았더니 그분의 재정 문제는 신용카드를 함부로 쓰기 때문에 생겼습니다. 계속해서 그분은 "신용카드"를 무분별하게 쓰는 잘못을 범하고 또 필요치도 않은 물건을 과용하게 사용했습니다.

하와에게 그 실과가 먹음직도 하고 보암직도 하게 보였습니다. 신용카드를 무분별하게 사용하는 잘못으로 그 무력해진 그리스도인이 된 여자는 선교 계획을 돕지 않습니다. 그래서 선교사들이 복음을 전할 수 없으므로 선교해야 할 곳 영혼들은 지옥에 갑니다. 이건 정말 심각한 일입니다. 당신은 동감하지 않으십니까?

구원받지 못한 친척들

우리들은 벌써 지난 몇 장에서 두려움과 근심에 대하여 다루었으므로 이제 마지막 변명인 구원받아야 할 친척들에 관하여 보겠습니다. 많은 경우에 남편 또는 부인이 구원을 받지 못했으면 대개는 그리스도인인 배우자의 생활이 문제가 되는 것으로 추적됩니다. 어떤 그리스도인 부인들은 자기들의 남편들이 구원받지 못한 상태로 있는 것을 바랍니다. 그렇게 함으로 그들은 기독교인 생활의 실패에 대비해 그 구실을 예비해 놓을 수 있기 때문입니다. 그러나 자기 배우자가 기적적으로 구원을 받으면 그들 앞에서 그들은 아주 황당하게 되어 버립니다. 때로는 그들은 이제 구원 받은 상대방에게 가시 노릇을 하면서 남은 생애를 보내기도 합니다.

육신적 그리스도인 (The Carnal Christian)

육에 속한 사람들, 혹은 믿음이 없어진 대부분의 그리스도인들은 교회 안이나 밖에서 즐거움이 없으며 영적 무기력 지대에 남아 있습니다. 이러한 교인들을 잘 길러 보려고 애쓰는 목사님들이 참 딱합니다. 그건 거의 불가능한 일이니까요. 육신적 그리스도인들은 어떤 일이나 어떤 사람들에도 쉽게 감정을 상하고 화를 내며 결국은 교회를 떠납니다. 여기에 많은 사람이 '믿음에서 떠나는' 원인이 있습니다. 그들은 유혹의 영에 잡아먹히기로 예정되어 있습니다. 육신적으로 살고, 담임 목사나 교우들에게 화를 내고 그럼에도 교회에는 출석하고 싶어 합니다. 유혹하는 영들은 현대적이고 기세 좋고 매혹적인 종교를 갖고 덤벼들어 믿음을 잃은 그리스도인들은 눈 깜박할 사이에 그 속으로 휩쓸려 들어갑니다.

거짓 이적과 기사 (False Signs and Wonders)

또 다른 그리스도인들은 거짓 선지자들의 거짓 이적과 기사에 매혹됩니다. **"거짓 그리스도들과 거짓 선지자들이 일어나서 이적과 기사를 행하여 할 수만 있으면 택하신 백성을 미혹케 하려 하리라"**(막 13:22). 우리들이 하나님 말씀대신 이적을 따르면 우리가 감당할 수 없을 만한 문제들이 생깁니다. 오늘날 평범한 그리스도인들은 핑계를 수없이 대며 말씀을 읽고 듣는 것을 게을리합니다. 그것이 유혹하는 영들이 이용하고자 하는 주요한 먹이감입니다. 그들을 인도하시는 하나님의 말씀이 없이는 그들은 여지없이 잘못된 길로 빠집니다.

큰 환란 때에 판을 칠 거짓 선지자에 관한 요한계시록 말씀을 보면, **"우리가 듣기로는 큰 이적을 행하되 심지어 사람들 앞에서 불이 하늘로부터 땅에 내려오게 하고 짐승 앞에서 받은바 이적을 행함으로 땅에 거하는 자들을 미혹하며…"**(계 13:13, 14)라고 말씀하십니다.

우리는 세계 역사 속에 그 시간이 형성되는 것이 보입니다. 하나님의 말씀대로 주의 깊게 사는 사람들만이 자신들이 선택해야 할 바른 길을 감지할 수 있을 것입니다.

음악은 그 영향력을 잘 모르고 있는 사람들에게 교묘하고 미혹케 하는 힘이 있습니다. 나는 컨트리 앤 웨스턴, 록 앤 롤, 심지어 팝 음악까지 듣는 것을 아무렇지 않게 생각하는 그리스도인들에게 놀랍니다. 그 음악들 중 그 가사가 더럽고, 간통, 무속, 마약, 동성연애, 그리고 하나님을 대적하는 내용을 함축하고 있는 것들이 있습니다. 그것이 마치 해롭지 않은 동요에 지나지 않는 것처럼 십대 자녀들을 사탄의 구렁텅이에서 뛰어 놀도록 합니다.

그리스도인들이 어찌하여 그들의 집이 정신병자 수용소와 흡사하고 아이들은 하나님의 일은 아무것도 하려고 하지 않는가 하고 나는 이상하게 생각합니다. 우리가 쓰레기통에서 놀고서 쓰레기 같은 냄새가 나지 않을 수는 없습니다.

대중 음악 톱 40에 들어가는 노래 가사는 마술사 아니면 마술에 관련되어 활동하는 사람들이 가사를 썼습니다. 가장 크게 히트한 음반들 중 몇 개는 마술사 모임에서 '축원'을 받고서야 출하했습니다. 그들은 귀신들에게 음반과 같이 나가서 듣는 사람들의 마음과 생활에 직접 영향을 주도록 간청했습니다. 미혹케 하는 음악의 박자는 정글에서 악한 영을 불러내어 부두교의 주술을 걸 때 사용되는 것과 같습니다. 가장 최근의 계책은 듣는 사람들 모르게 그들의 마음에 잠재 의식적인 암시를 심어주기 위해 거꾸로 녹음하는 방법(backmasking)을 사용합니다.

속임수 (Deception)

속임수는 이 마지막 때의 가장 두드러지는 수단입니다. 그럼에도 그리스도인들이 악령의 영감으로 된 최근 영화를 보려고 극장 앞에 줄을 섭니다. 사도 바울은 디모데에게 이렇게 경고합니다. "… **말세에 고통**

하는 때가 이르리니 사람들은 자기를 사랑하며 돈을 사랑하며 자긍하며 교만하며 훼방하며 부모를 거역하며 감사치 아니하며 거룩하지 아니하며 무정하며 원통함을 풀지 아니하며 참소하며 절제하지 못하며 사나우며 선한 것을 좋아 아니하며 배반하여 팔며 조급하며 자고하며 쾌락을 사랑하기를 하나님 사랑하는 것보다 더하며 경건의 모양은 있으나 경건의 능력은 부인하는 자니 이 같은 자들에게서 네가 돌아서라… 악한 사람들과 속이는 자들은 더욱 악하여져서 속이기도 하고 속기도 하나니 그러나 너는 배우고 확신한 일에 거하라 네가 뉘게서 배운 것을 알며 또 네가 어려서부터 성경을 알았나니 성경은 능히 너로 하여금 그리스도 예수 안에 있는 믿음으로 말미암아 구원에 이르는 지혜가 있게 하느니라"(딤후 3:1~5; 13~15).

믿음의 비결

이 위험한 시대에 믿음을 지키는 비결은 하나님 말씀입니다. **"우리가 육체에 있어 행하나 육체대로 싸우지 아니하노니 우리의 싸우는 병기는 육체에 속한 것이 아니요 오직 하나님 앞에서 견고한 진을 파하는 강력이라 모든 이론을 파하며 하나님 아는 것을 대적하여 높아진 것을 다 파하고 모든 생각을 사로잡아 그리스도에게 복종케 하니"**(고후 10:3~5).

하나님이 생각하시는 길로 생각하도록 우리 마음을 훈련하면 사탄이 시험하려는 우리 마음의 문을 닫고 잠가 버릴 수 있습니다. 또한 우리 마음은 두 마음을 품을 수 없습니다. 만약 사탄이 그의 생각이나 유혹을 불시에 끼워 넣으려고 하면 강력하게 그런 생각들을 거절하고 하나님의 말씀을 생각해야 합니다. 하나님의 말씀은 우리로 하여금 경건하며, 옳으며, 무슨 기림이 있든지 무슨 덕이 있든지 그러한 것들을 생각하도록 인도합니다. 우리는 다시는 우리 육신의 마음이 그냥 좋아하거나 원하게 되는 생각으로 휩쓸려 들어가지 못하게 해야 합니다.

기도

사랑의 아버지, 나의 욕심으로 세상이 나의 마음과 생활에 들어올 수 있게 한 것을 용서하십시오. 나는 나의 적이 얼마나 속이는가를 알고 단지 주님의 말씀만이 앞에 놓여있는 영적인 지뢰밭을 지나갈 수 있도록 인도하실 수 있는 것을 압니다. 나는 매일 당신의 말씀을 읽고 내 삶을 위한 당신의 인도하심을 찾을 것을 약속합니다.

사탄아, '무엇이든지 땅에서 매면 하늘에서도 매일 것이요'라고 하신 마태복음 18:18에 의하여 나는 예수의 이름으로 너의 미혹케 하는 영을 맨다. 나는 네가 나를 믿음에서 떠나게 하려는 것을 깨달았다. 그래서 명령하니 지금부터는 나를 건드리지도 말라. 나는 예수님을 따르고 사탄, 너를 떠나기로 결정했다. 예수의 이름으로 명하니 가라.

예수님 나를 속이려고 한 악한 영들로부터 저를 구원하여 주셔서 감사합니다. '무엇이든지 땅에서 풀면 하늘에서도 풀리리라'고 말씀하신 마태복음 18:18에 따라 나는 주님의 성령을 내 생활 가운데 풉니다. 적의 모든 세력을 이기도록 해주시니 감사합니다. 그리고 나는 주님의 약속대로 그리스도의 마음을 나의 것으로 만듭니다. 아멘.

MEMO

점하는 귀신

사도행전 16:16~18

마태복음 18:18에 의하면…

매다 : 점하는 귀신
풀다 : 성령과 은사
고전 12:9~12

제12장

점하는 귀신 (spirit of Divination)

사전에는 점치는 것을, '미래에 일어날 일들을 미리 말한다던가, 신비스럽거나 초자연적인 방법으로 숨은 지식을 찾아보려는 행위'* 라고 정의합니다.

성경에서는 한발 더 나아가서 예언자들이 초자연적인 영들에 의해 조정되고 사로잡혀서 어느 특정한 때에 인간영역을 넘어 지식을 전해 받을 수 있다는 것을 보여줍니다. 하나님의 선지자들은 그들의 신령한 계시를 성령에 의해 전달받습니다. 반면에 점쟁이나 무당들에게는 귀신의 영들이 자료를 대 주고 있는 것입니다.

사도 바울

누가는 사도행전에서 이런 경우에 대해 우리에게 이렇게 말하고 있습니다. **"우리가 기도하는 곳에 가다가 점하는 귀신들린 여종 하나를 만나니 점으로 그 주인들을 크게 이하게 하는 자라 바울과 우리를 좇아와서 소리질러 가로되 이 사람들은 지극히 높은 하나님의 종으로 구원의 길을 너희에게 전하는 자라 하며 이같이 여러 날을 하는지라 바울이 심히 괴로워하여 돌이켜 그 귀신에게 이르되 예수 그리스도의 이름으로 내가 네게 명하노니 그에게서 나오라 하니 귀신이**

즉시 나오니라"(행 16:16~18).

그 여종은 그 지역에서 잘 알려진 점쟁이거나 술객이었습니다. 비록 그녀가 바울과 그 일행에 대하여 사실을 말하기는 했지만, 사람들 앞에 떠들어 그들을 도우려는 의도는 아니었습니다. 실은 그러한 평판을 가진 여자가 바울 일행들의 사역에 대해 떠들어댄다는 것은 예수의 이름에 심한 치욕이 되는 것이었습니다.

바울의 심령이 점점 더 상하게 될 때 어찌 된 셈인지를 성령께서 가르쳐 주셨고 그래서 그는 예수의 이름으로 점하는 귀신을 꾸짖었습니다. 그는 그 여자에게 말한 것이 아니라 그 여자를 통해 역사하는 귀신에게 꾸짖었던 것입니다.

우리는 여기에서 하나님의 권능이 마귀의 세력보다 항상 더 크다는 명백한 예를 봅니다.

"자녀들아 너희는 하나님께 속하였고 또 저희를 이기었나니 이는 너희 안에 계신 이가 세상에 있는 이보다 크심이라"(요일 4:4). 귀신은 떠나가라고 하나님의 자녀가 예수의 이름으로 명하면 물러가야만 하는 것입니다.

하나님이 당신에게 원하심

또한 하나님께서 마귀의 세력에 대하여 그분의 자녀들을 통해서 일하길 원하신다는 것이 나타나 있습니다. 우주의 전쟁은 예수그리스도

대 사탄, 선과 악의 대결이므로 우리는 선한 편, 그리스도를 따라야만 합니다. 동시에 양쪽 세력에 손을 대는 것은 불가능합니다. 하나님의 말씀은 만세에 걸쳐 천둥처럼 울려옵니다. **"그러므로 주께서 말씀하시기를 너희는 저희 중에서 나와서 따로 있고… 의와 불법이 어찌 함께 하며 빛과 어두움이 어찌 사귀며"**(고후 6:17, 14).

오늘날 많은 그리스도인들이 하나님의 일과 사탄의 영역 사이에 나누어지는 선이 어디인지를 모르고 있는 것이 문제 중 하나입니다. 그리스도인들이 길을 잃고, 해롭게 보이진 않을지라도, 실제로 마귀의 영역인 곳으로 들어가면 그들의 영적 생활에 온갖 종류의 혼란을 일으키게 되는 것입니다.

우리가 하나님을 기쁘시게 하는 삶을 살 수 있기 위해서는 점치는 일에 관한 한 어떻게 명확한 입장을 취해야 하는가 하는 것부터 시작하겠습니다.

기구적인 지주들 (Mechanical Props)

점하는 귀신은 다음과 같은 기구지주들을 많이 이용합니다. 즉 모래, 뼈다귀, 동물의 내장, 차 잎사귀, 타로카드, 손금 보기, 점성술, 머리의 혹, 영웅점판, 점치는 판, 유리구슬, 컴퓨터 예언 게임, 소위 말하는 최면이나 마술을 통한 치유, 공중으로 몸을 뜨게 하는 것(부양술), 물 점, 자동 서필, 예언 문헌 혹은 물건들, 필체 분석과 마약 등입니다. 하나님은 이것들에 대해 무엇이라 말씀하십니까?

"너희는 너희 선지자나 너희 복술이나 너희 꿈꾸는 자나 너희 술사나 너희 요술객이 너희에게 이르기를 너희가 바벨론 왕을 섬기지 아니하리라 하여도 듣지 말라 그들은 너희에게 거짓을 예언하여서 너희로 너희 땅에서 멀리 떠나게 하며 또 나로 너희를 몰아내게 하며 너희를 멸하게 하느니라"(렘 27:9, 10).

"그 하나님 여호와의 모든 명령을 버리고 자기를 위하여 두 송아지 형상을 부어 만들고 또 아세라 목상을 만들고 하늘의 일월성신을 숭배하며 또 바알을 섬기고 또 자기 자녀를 불 가운데로 지나가게 하며 복술과 사술을 행하고 스스로 팔려 여호와 보시기에 악을 행하여 그 노를 격발케 하였으므로"(왕하 17:16, 17).

하나님은 왜 점보는 것을 싫어하시나요?

하나님이 점치는 것을 싫어하시는 이유는 점은 사람들로 하여금 그 삶을 인도받기 위해 하나님과 그 말씀보다는 사탄의 꾀를 찾게 하기 때문입니다. 우리가 성령의 인도함과 사탄의 지시를 뒤섞게 되면 문제들이 야기되기 마련입니다. 이 세상의 수많은 사람들이 매일 매일의 나갈 방향을 찾기 위해 하나님의 말씀 대신 오늘의 운세를 보는 것이 바로 그런 예입니다.

점성술 (Horoscopes)

당신이 이런 점성술을 하는 사람들을 그 자리에서 꼭 집어내면 그들은 얼굴에 멋쩍은 웃음을 짓고 그건 그냥 해로울 것도 없는 게임일 뿐이라고 급히 변명합니다. 어떤 이는 저에게, 아무도 점성술(오늘의 운세)을 그렇게 심각하게 여기지는 않는다고 말했습니다. 무엇이라도 실제로 맞는 게 있는가 보는 것이 재미라는 것입니다. 후에 알았지만, 그것은 그들 생활 가운데 '그냥 재미'이기보다는 훨씬 큰 문제였습니다.

몇 년 전에 다음과 같은 경고 기사가 실린 마이애미 헤럴드(Miami Herald) 신문 기사를 본 적이 있습니다. "삼천이백만 명, 그중 대부분이 여성으로 점성술을 믿고 거기에 의지해 산다." 갤럽 조사가 연이어 이렇게 기술되어 있었습니다. "네 사람의 성인 중 하나가 점성술 기사를 정기적으로 읽고 그들의 생활이 별들의 위치에 의해 지배된다"고 믿습니다. 설문 조사는 "교회에 다니는 사람들도 안 나가는 사람들만큼 점성술을 믿는다"고 발표했습니다.

"참으로 놀라운 결과 중의 하나는 미국인 10명 중 거의 8명이(30세 이하에서는 10명 중 9명이) 자기가 태어난 별자리 이름을 알고 있다는 것입니다."*

나의 설문 조사

제가 여성들의 종교집회에서 강연 하는 동안 설문 조사를 하면서 이런 질문을 하였습니다. "여러분 중에 몇 분이나 현재 혹은 구원받기 전에 점성술이나 마술하는 것에 관련되어 있었고 또 그리스도를 영접한 후에 까지도 그러한 비술적 행위는 끊어야 한다는 것을 모르고 있었습니까? "

90% 정도의 여자들이 손을 든 것으로 추측했습니다. 제가 사탄의 추종자들에게 얘기하고 있지는 않았다는 것을 유념하십시오. 이 사람들은 기독교의 리더들이었는데도 자신의 과거 행동들 때문에 아직도 문이 활짝 열린 채로 놔두었거나 그리스도를 영접한 후에도 여전히 그것들에 손을 대고 있었던 것입니다!

우리가 하나님이 우리를 위해 준비하신 것을 넘어서 손을 뻗치려 할 때 귀신의 지식에 걸려들 위험이 있습니다. 우리가 정말 그런 기회를 잡을 수 있겠습니까?

귀신의 영은 믿고 따를 수가 없습니다. 그것들은 사람들의 주의를 끌려고 자기들의 제한된 지식과 거짓말을 뒤섞습니다. 그들이 몰아가는 특성은 그 추종자들을 악의 소용돌이로 서서히 끌어들여 가면서 추락하게 합니다. 오직 사랑의 하나님만이 우리에게 오늘의 필요한 방향을 제시해 주실 수 있습니다.

피조물 대 창조주 (Creation Versus Creator)

"하늘을 살피는 자와 별을 보는 자와 월삭에 예고하는 자들로 일어나 네게 임할 그 일에서 너를 구원케 하여 보라. 보라 그들은 초개 같아서 불에 타리니 그 불꽃의 세력에서 스스로 구원치 못할 것이라"(사 47:13~14).

신명기 18:12 말씀은 하나님께서 민족들을 이스라엘 백성 앞에서 쫓아내시는 이유 중 하나는 복술 하는 죄 때문이라고 알려 주십니다. 그 민족들은 아마도 별들을 연구하는 것을 오락으로 시작했을지 모릅니다. 그러나 시간이 지나면서 그들에게 그것은 점점 더 매혹적으로 되었고, 종국적으로는 피조물을 영원히 찬송할 조물주보다 더 경배하고 섬기게 되었습니다(롬 1:25).

갈대아 우르 사람들은 달(moon)을 섬겼습니다. 하나님이 아브라함을 쓰시기 전에 그를 그곳에서 불러내셔야만 했습니다. 바벨탑은 그들이 신들처럼 되기 위하여 하늘을 연구하려는 확실한 시도였습니다. 하나님께서 그런 행위가 돌이킬 수 없게 되기 전 중지하셨습니다. 고대 애굽인들은 그들의 태양신을 숭배했고 그들은 망해버렸습니다. 역사를 통해서 미신을 숭배하는 민족이나 국가는 모두 파괴되었습니다.

점쟁이 (Fortune Tellers)

우리가 오레곤에 있는 작은 마을로 이사 간 후 얼마 안 되어 한 점쟁이가 우리가 자주 가는 기독교 서점 바로 건너편에 점집을 차린 것을 알게 되었습니다.

우리는 서점 주인과 관리자와 합의하여 점집 쪽을 볼 때마다 또는 그 빌딩 앞을 지날 때는 예수님의 이름으로 저주하고 거기에 연관되어 있는 점쟁이 귀신을 잡아매기로 하였습니다.

한 주쯤 후에 경쟁자인 점쟁이 무리들이 그 건물의 유리창을 다 부수더니 그 후 얼마 안 되어 그 장소는 비워졌습니다.

우리는 점쟁이들, 성경에서 일컫는 대로라면 술객 또는 예언자들을, 멀리하라고 경고를 받습니다.

"내가 또 복술을 너의 손에서 끊으리니 네게 다시는 점쟁이가 없게 될 것이며"(미 5:12).

이런 종류의 행위를 믿는 사람들은 대개 혼란스러움, 다양한 문제, 두려움, 오해, 증오, 분노, 고칠 수 없는 버릇과 재앙에 가득 차 있습니다. 왜냐하면 이런 것들이 그러한 사술의 마지막 결과이기 때문입니다.

최면술사, 마술사 (Hypnotists, Charmers) - 수동적 정신 상태

방술 하는 자나 눈속임하는 자들은 오늘날 최면술사라고 불립니다. 최면술은 현대에 잘 되는 비즈니스 중 하나입니다. 최면술을 통해 술을 끊었다든가 또는 체중을 줄였다는 사람들의 말을 인용한 광고가 너무 많이 넘치고 있습니다. 몇몇 치과 의사나 일반 의사들이 환자의 통증을 줄이기 위해 이 방법을 사용하기도 합니다. 또 어떤 사람 중에는 집중력을 높이거나 밤에 숙면을 취하기 위해 자기 최면요법을 쓰기도 합니다. 그렇지만 넘어가지 마십시오. 단지 초기 효과가 조금 도움이 된다고 해서 장기적 결과도 같으리라고 말할 수는 없습니다.

최면술이 효과적으로 이루어지려면 받는 사람이 자신을 수동적 정신 상태로 들어가도록 해야 합니다. 그 상태에서 그는 최면술사에 의해서로 미리 합의한 방향으로 조정받을 수가 있는 것입니다.

수동적 마음 상태는 무방비 상태이고 따라서 바로 이런 기회를 기다리고 있는 어느 귀신에게라도 사로잡히기가 쉽기 때문에 위험합니다. 모든 최면이 귀신 들린 결과가 된다는 것은 아니지만 그 사람에게 영적으로 영향을 끼칠 매우 부정적 체험을 갖는 시작이 될 수 있습니다.

의사였던 제 친구의 경우가 생각납니다. 그녀는 성령으로 세례를 받았지만, 기도로 마음껏 무엇을 표현해 본 일이 한 번도 없었습니다. 나는 대화 중에 최면술에 관한 얘기만 나오면 그녀가 곧 입을 닫는 것을 알게 되었습니다. 하루는 진료에 최면술을 쓴 일이 있느냐고 제가 물었습니다. "별로 쓰지 않았어, 환자의 통증을 줄여주려고 약간 몽롱하게 하는 것뿐이지"라고 그녀는 대답했습니다. 제 조사 결과 환자의 통증을 덜어 준다는 비몽사몽 상태는 실제로는 가장 깊게 잠들게 한다는 것을 발견했습니다. 제가 그녀에게 그것을 말해 주자 좀 겁먹은 미소를 지었습니다. 저는 곧이어 만일 그런 요법을 하기 원한다면 혼자서나 해보라고 했습니다.

이 말에 그녀는 내가 옳다고 시인하고 나와 함께 기도한 후 그런 의료행위를 중단했습니다. 그러자 그녀는 전에는 부담스러워했던 기도를 막힘없이 잘 할 수 있었습니다.

우리의 마음은 내적 자아 혹은 영으로 통하는 문이기 때문에 어느 누구도 그것을 건드리게 해서는 안 됩니다. 또한 우리는 우리 마음을 소형 영상 스크린처럼 지웠다가 또 어떤 헛된 생각들로 장식해서는 결코 안 될 것입니다.

또 어떤 마음의 상태에 이르기 위해 특정한 어휘들을 계속해서 외치는 것도 해서는 안 됩니다. 사탄은 그 생각과 의지를 우리에게 주입하려고 우리 마음으로 접근할 수 있습니다. 우리가 마음을 비워 놓으면 누구라도 그 안에 무엇인가를 집어넣을 수 있으니 우리가 화를 자초하는 것일 뿐입니다.

잠재 의식적인 내용들이 그것을 마음에 전달하고자 음악이나 다른 편안하게 해주는 소리로 녹음되어 나오고 있습니다. 점점 더 많은 사람들이 속되게 자극을 주는 디스켓과 뉴에이지 음악을 듣고 정신적으로, 정서적으로 피해를 입고 있습니다. 이런 것들이 마귀의 도구로 사용되어 의심하지 않는 사람들을 무력하게 만들 수 있습니다.

하나님이 우리에게 말씀하시는 방법

하나님이 우리를 다스리시는 방법은 언제나 우리의 마음과 영을 통해서 하십니다. 당신의 마음이 무방비 상태이면 누가 채울는지는 분명합니다.

하나님의 말씀에 대한 묵상은 마음의 운동이 아니고 영적인 방법으로 우리를 새롭게 해주는 영의 작용입니다.

당신이 최면술사이거나 최면을 받은 일이 있으면 그 죄에 대해 사함을 받는 것이 필요합니다. 예수의 이름으로 점치는 영을 묶고, 다시는 그 짓을 하지 않겠다고 하나님께 약속하십시오.

한 여자 분이 내게 말하기를 그녀가 최면에 걸렸을 때 자신이 엘리베이터를 타고 여러 층을 내려가며 마음속에 문들이 열리는 것을 볼 수 있었다고 했습니다. 그는 그 과정을 반대로 밟아서 예수 이름으로 모든 문을 닫고 나서야 영적 자유를 얻을 수 있었습니다.

사도 바울은 그리스도를 성공적으로 따르는 사람은 이 세상의 판에 박히지 않고, 선하시고 기뻐하시고 온전하신 하나님의 뜻을 찾도록 하나님의 말씀에 몰두함으로써 마음을 새롭게 하여야 한다는 것을 계시합니다. **"너희는 이 세대를 본받지 말고 오직 마음을 새롭게 함으로 변화를 받아 하나님의 선하시고 기뻐하시고 온전하신 뜻이 무엇인지 분별하도록 하라"**(롬 12:2).

마술 (Magic), 요술 (Sorcery)

"마술은 우주적이고 흑과 백으로 나뉠 것입니다. 검은 마술(black magic)은 저주하고, 주문을 외우고, 적의 유형을 무너트리고 악령과 합세하는 방법을 통하여 악한 결과를 만들어내려고 합니다. 그것은 종종 요술의 형태를 취합니다. 백 마술(white magic)은 저주나 마술을 풀어주려고 하고 또 자신이나 다른 사람들을 위해 마술의 힘을 좋게 이용하려고 합니다. 마술사는 어떤 신이나 귀신 또는 영들을 억지로 자기를 위해 일하게 하거나 또는 심령의 힘이 자기 뜻대로 굽히도록 마술의 형태를 취합니다."* 오늘날의 용어로는 요술쟁이 혹은 술객은 마법사라고 부릅니다. 술객은 불 못에 던져질 것 중의 하나입니다. **"그러나 두려워하는 자들과 믿지 아니하는 자들과 흉악한 자들과 살인자들과 행음자들과 술객들과 우상 숭배자들과 모든 거짓말하는 자들은 불과 유황으로 타는 못에 참예하리니 이것이 둘째 사망이라"**(계 21:8).

바울은 갈라디아서 5:20에서 마술은 **'육체의 일'** 중의 하나라고 기술합니다. 그는 더 나아가 21절에서 **"이런 일을 하는 자들은 하나님의 나라를 유업으로 받지 못할 것이요"**라고 말합니다.

일이 진행될수록 내리막인 것을 보십시오. 우선 그 과정은 육체의 정욕에서 시작됩니다. 그것이 특별한 권력을 추구하는 것이거나 혹은 관심이 쏠리는 일이거나 간에 그 사람은 육체적 단계에서 그러한 것들이 매혹적이라고 생각하는 것입니다. 욕구가 행동으로 옮겨지면 치명적인 뿌리들이 개인의 의지를 얽어매고, 강한 자가 점점 더 지배적인 힘을 갖게 되어 등장하게 되는 것입니다.

이것은 물론 사탄이 모든 죄에 흔히 사용하는 방식입니다. 유혹에 빠지지 않을 제일 좋은 방법은 처음 매혹당하기 시작할 때 버티고 잘라버리는 것입니다.

존 뉴포트(John Newport)은 그의 저서 "Demon, Demon, Demon"에서 뉴욕에 5,000명 L.A에 10,000명 그리고 전 미국에는 목사들 수의 거의 반 정도의 마술사가 있다고 기술하고 있습니다.* 그 후에 마술 업이 폭발적으로 늘어난 것을 보면 마술사들이 목사 수를 넘는 날이 다가오고 있습니다. 하나님의 사람들이 아프리카 정글뿐 아니라 바로 여기 우리나라에서 준동하는 귀신의 세력들과 개인적인 위치에서 싸우는 것을 배우는 것이 꼭 필수적입니다. 그때에야 우리는 악의 무리를 힘써 몰아내서 이 세상을 복음화시킬 수 있고 그것이 이 시점에서 하나님의 우선순위 첫 번째일 것입니다.

운세 예측 (Prognostication)

우려되는 것은 신자들이 모르기 때문에 귀신의 영역 안으로 선을 넘어 들어가는 것입니다. 필적 분석은 이런 것의 좋은 예입니다. 그것은 단지 성경에서 말씀하는 '운세예측'의 현대적 변형으로 뼈다귀, 찻잎, 카드놀이, 머리 혹, 손금 같은 것 대신에 필적 감정이 도구가 됩니다. 그러나 종국적으로는 같은 결과입니다. 필적을 분석함으로써 그들은 예언을 하려는 것인데 개인의 성격을 말해준다 해도 결국은 그것으로 짐작되는 미래를 말하려 하는 것입니다.

필적 분석 (Handwriting Analysis)

몇 년 전에 한 부목사 사모가 필적 분석에 깊숙이 관련되어 있는 것을 알게 되었습니다. 그녀는 담임 목사 것뿐 아니라 교회 사람들 필적도, 그들이 알지 못하는 사이에, 분석하고 있었는데 그녀는 이것이 자기 남편이 그들을 대하는 데 도움이 될 것이라고 여겼습니다.

내가 이러한 행위에 따라올 수 있는 위험성을 지적하자 그녀는 화가 났습니다. 나는 말씀 중에서 하나님이 예언에 관하여 말씀하신 것을 일러주고, 이제 경고를 받은 후에도 그 일을 계속하면 더이상 몰랐다고 주장할 수 없을 것이고 그때부터는 그녀나 가족들이나 하나님의 보호를 받을 수 없을 것이라고 말해 주었습니다.

그녀는 좋은 기독교인인 어머니로부터 방법을 전수받았으니까 나쁠 리가 없다고 내게 대꾸하고 뛰쳐나갔습니다.

며칠 후에 그 여자가 운전을 하고 있던 중 갑자기 엔진에 불이 붙었습니다. 차를 길옆에 세우고 서둘러 겨우 빠져 나오자마자 차가 화염에 싸여 폭발하였습니다. 그 일이 내가 말한 것을 확인시키데 도움이 된 것이 아니라 그녀를 더욱 분노하게 해서, 내가 자기에게 무슨 주문 같은 것을 붙여서 그렇게 되었다고 비난을 하였습니다. 그 여자는 후에 갖은 거짓으로 결혼한 남자를 유혹해 관계를 가졌습니다.

교회 마술 (Church Magic)

아무 문제없는 것처럼 보이는 교회 내 행사 중 주일학교 아이들이나 청소년들을 재미있게 하기 위하여, 사용하는 마술입니다. 몇 가지 마술 수는 해롭지 않은 것처럼 보이는 것은 사실이나 근원을 추적해 보면 마술과 요술은 근본적으로 하나이며 같은 것을 알게 됩니다.

"출애굽기 기록은 말하기를 애굽 술객들도 모세처럼 지팡이로 뱀이 되게 하고(7:11), 물이 피가 되게 하고(7:12), 개구리를 만들어 내었으나(8:7), 이를 만드는 것은 못하였고(8:18, 19) 독종에 의해 그들도 꼼짝하지 못하였다. 이 얘기에서 그들이 영리한 술객이었는지 아닌지 혹은 그들이 마술 수를 이용했는지 아닌지는 우리가 판단할 일입니다."*

아이들은 교회 마술과 홀리는 마술을 구별하기가 어렵습니다. 그들은 자연스레 모든 마술은 괜찮은 것이라고 여기게 됩니다. 어찌하던 우리가 어린이 예배에서 보는 것과 거의 같은 것이 아닌가 하고 생각을 하게 되는 것입니다.

나는 우리 아이들에게 하나님의 말씀을 가르쳐야 할 그 귀한 시간에 사탄의 뿌리가 있는 것에 손을 대기 보다는 더 좋은 것들을 찾을 수 있을 것이라고 생각됩니다.

물 점 (Water Witching)

물 점이라는 바로 그 이름으로도 그것이 어떤 영역에 속하는지 짐작할 수 있습니다. 수맥 점은 그것을 또 다르게 나타내는 방법입니다. 정말 신중히 그 일에 대해 생각해 본다면 어떤 사람의 손에 어느 방향으로 들려있는 나뭇가지를 깊은 땅속에 있는 수맥 쪽으로 끌어 내리게 할 자연법칙은 전혀 없습니다.

호세아는 이스라엘 민족에게 그들은 '… 나무와 막대기…'에게 묻지 말고 하나님에게 물으라고 가르쳤습니다(호 4:12). 그러나 그들은 점치는 나무와 막대기를 숭배하기 시작했었고 그것은 하나님께 가증한 짓이라고 하셨습니다. 하나님이 이스라엘 민족에게 광야에서 40년 동안 물을 주셨거늘 우리가 그분의 인도하심을 청한다면 오늘날도 물이 어디에 있는지 보여 주시지 않겠습니까? 그분은 우리에게 아홉 가지 성령의 은사를 주셨고 그 중에 지식의 말씀은 우리가 알아야 할 것들을 보여줍니다.

기념품과 우상 (Souvenirs And Idols)

우리가 선교사로서 외국에 살았을 때 현지 사람들이 가끔 우상과 유물을 기념품으로 집에 가져왔습니다. 놀랍게도 어떤 공장들은 그런 물건들을 내다 팔기 전에 사제나 마술 의사에게 주문을 외우도록 하는 것을 알았습니다. 물론 많은 우상은 무덤에서 파낸 것이고 악령을 나타냅니다.

내가 한 것처럼 하시기를 권합니다. 집안을 샅샅이 뒤져서 마법같이 보이는 것들과 이방 종교에 관련된 것들은 모두 부수어 버리십시오. 아주 주의 깊게 살피시기 바랍니다. 당신이 찾아내는 것들에 놀라게 될 것입니다. 비싼 것이라도 예수의 이름으로 잘게 부수십시오. 어떤 경우에라도 팔지 말아서 또 다른 사람이 저주 받지 않도록 하십시오.

한마디 더 주의를 드리겠습니다. 당신의 집만 치우십시오. 당신 이웃이나 친구의 집은 자기들이 치우도록 맡겨 두십시오. 하나님이 당신에게 말씀하시듯 그들에게도 말씀하실 수 있습니다.

하나님의 계명은 매우 명백합니다. **"너는 그들의 조각한 신상들을 불사르고 그것에 입힌 은이나 금을 탐내지 말며 취하지 말라 두렵건대 네가 그것으로 인하여 올무에 들까 하노니 이는 네 하나님 여호**

와의 가증히 여기시는 것임이니라 너는 가증한 것을 네 집에 들이지 말라 너도 그와 같이 진멸 당할 것이 될까 하노라 너는 그것을 극히 꺼리며 심히 미워하라 그것은 진멸 당할 것임이니라"(신 7:25~26).

영 은반 (OUIJA Boards)

영 은반은 예쁜 장난감이 아닙니다. 그것들은 거미가 파리를 잡기 위해 치는 거미줄같이 위험한 사탄의 함정으로 사람을 끌어드리기 위해 귀신이 사용할 수 있습니다. 나의 친구와 그의 남편 그리고 또 다른 한 부부들이 하루 저녁 영 은반을 시험해 보기로 했습니다. 그들은 판 뒤에 있는 세력에게 "당신은 누구요? "라고 물었습니다.

"당신은 내가 누구인 줄 알지"라고 대답했습니다.

그들은 같은 질문을 두 번째 했고, 같은 답변을 받았습니다.

집요하게 그들은 세 번째 질문을 했습니다. "당신은 누구요? "

게임은 충격적인 대답을 하며 갑자기 끝났습니다. "빌어먹을! "

다음은 그들이 공중 부양을 시도했습니다. 두 부부는 자기들의 손을 위에 펴놓고 테이블을 올릴 수 있었습니다. 그러나 어느 날 저녁에는 테이블이 공중으로 들리고 또 격렬하게 춤추기 시작했고 그들은 그것을 정지시킬 수 없었습니다. 깜짝 놀라서 그들은 모든 것이 조용해져 정상으로 돌아올 때까지 몇 시간 동안 집을 떠나 있었습니다. 이런 것들은 당신이 장기적 결과, 즉 사탄이 원하는 조건에 따라 사는 삶을 수락할 준비가 되어있지 않는 한 건드려서는 안 되는 것입니다.

게임들 (Games)

당신의 자녀들이 테이블에서 하는 게임이 무슨 종류인지 또 어떤 인터넷 게임을 하는지 꼭 알아야 합니다. 많은 것들이 마술적 체계나 교육 내용 또는 상징을 내포하고 있습니다. 그들은 이제 젊은 사람들에게 소위 말하는 게임을 통하여 마술을 거는 방법과 귀신의 안내를 접하는 방법을 가르쳐 줍니다. 재미있다는 것이 건전하다는 것을 의미하지는 않습니다.

만화와 장난감 (Cartoons And Toys)

어린아이들이 보는 애니메이션 속에 적혀 있는 마술적 가르침을 주의하십시오. 그것들은 동방의 신비주의적인 것과 마술을 부리는 것들로 편집되어 가고 있습니다. 시간을 내서 당신 자녀에게 어떤 것을 금해야 할지 찾아보십시오.

많은 애니메이션이 그 속에 나오는 이미지나 인물을 나타내는 인형을 시장에 내놓고 있습니다. 이 중에 어떤 것은 보기에도 귀신같고 그렇지 않은 것도 있습니다. 그것들은 아이들의 상상력을 불러 일으켜서 신비의 세계에 살게 하지만 하나님의 대체물을 우주의 진짜 주인으로 영접하게 합니다.

거역함 (Rebellion) - 완고함 (Stubbornness)

내가 당신과 함께 기도하기 전에, 이 장에서 우리가 공부해온 것에 관련되어 있고 그 자체가 교훈인 성경 구절을 읽어 드리겠습니다. **"이는 거역하는 것은 사술의 죄와 같고 완고한 것은 사신 우상에게 절하는 죄와 같음이라"**(삼상 15:23).

사술의 기본 죄는 하나님의 계명에 거역하는 것입니다. 하나님의 뜻을 따르는 대신 이 민족들은 열등한 신, 사탄을 받아들이고 하나님을 그들의 삶에 모시기를 완고하게 거절했습니다. 만일 당신이 하나님의 권위에 승복하지 않거나 하나님께 여쭙지 않고 거역하여 마음대로 행동하면 마술사들이 주는 피를 마시는 것처럼 하나님께 추악한 짓이 됩니다. 하나님은 우리 생활에서 그분이 첫 번째가 되기를 원하십니다.

만일 당신이 그리스도를 당신의 구세주로 영접하지 않았으면 단순히 이렇게 말씀하십시오. **"주 예수님, 나의 죄를 용서하시고 나를 당신의 자녀로 받아 주옵소서. 나는 당신을 나의 구세주로 받아들이고 오늘부터 당신 말씀의 지시대로 따를 것을 약속합니다. 예수님 저의 모든**

죄를 사하여 주셔서 감사합니다. 아멘."

이제 당신은 하나님의 자녀이므로 마태복음 18:18의 말씀대로 강한 자를 붙잡아 묶고 성령의 능력을 삶 가운데 풀어 놓게 됩니다.

기도

하나님 아버지, 예수의 이름으로 주 앞에 나와, 말씀과 성령으로 내 죄를 깨닫게 하신 것을 감사드립니다. 과거나 현재에 마술적 행위에 관련되었던 것을 어떤 것이라도 용서하여 주십시오. 당신을 사랑하오며 당신을 기쁘시게 하는 삶을 살기를 원합니다.

사탄아, 마태복음 18:18에 '무엇이든지 땅에서 매면 하늘에서도 매일 것이요.'라고 명백히 말씀하셨으므로 내가 말씀에 의거하여 너와 마술의 영을 잡아 맨다. 과거에 나나 우리 가족에 의해 맺어진 약조들은 한 번에 모두 깨져버린 걸로 생각해라. 예수의 이름으로 말하노니 너는 이제 더이상 나나 우리 가족의 생활에 상관이 없어. 주님, 나를 자유하게 하심을 감사하며 당신을 경배합니다.

마태복음 18:18에 약속하시기를 '무엇이든지 땅에서 풀면 하늘에서도 풀리리라' 하셨습니다. 저에게 당신의 권능을 회복하고 채우시도록 저의 생활 속에 성령의 능력을 풉니다. 당신의 말씀을 갈망하게 하옵소서. 주님, 저의 기도를 들으시고 응답해 주심을 감사합니다. 아멘.

MEMO

신접한 자

레위기 19:31

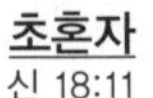

초혼자
신 18:11
대상 10:13

신접한 자
삼상 28장

지절거림, 수근거림
사 8:19 ; 29:4 ; 59:3

요가
렘 29:8

투시력
삼상 28:7, 8

박수
삼상 28장

마약
갈 5:20
계 9:21 ; 18:23
계 21:8 ; 22:15

수동적 생각 – 꿈꾸는 자
렘 23:16, 25, 32 ; 27;9~10

거짓된 예언
사 8:19 ; 29:4

뿌리들
"육체의 일"
갈 5:19~21

"그들의 열매로
그들을 알리라"
마 7:20

마태복음 18:18에 의하면…

매다 : 신접한 자
풀다 : 성령과 은사
고전 12:9~12

제13장

신접한 자 (Familiar Sprit)

신접한 자와 점하는 귀신은 성질상 매우 유사합니다. 실상은, 강한 자 여럿이 목적을 이루기 위해 서로 무리를 짓는 것은 그다지 별일이 아닙니다.

이 두 영 사이에 명확히 갈라놓는 차이점이 없을 때는 나는 둘을 한꺼번에 예수의 이름으로 매어버립니다.

신접한 자는 - 주로 초혼자(Necromancy : 죽은 자와 대화한다는), 신접한 영(Sprit Mediums), 투시력(Clairvoyance), 요가(Yoga), 박수(Spritists), 심령학과 예언(Psychic Powers and Prophecy), 초월명상(TM), 초감각(ESP), 코카인(Cacoine), 크랙(Crack : 마약류)과 마음 상태를 변화시키는 여러 가지 마약들, 몽롱한 내적 영감이나 직접적인 투시력 - 꿈이나 내적 환상, 유도적 몽상 상태처럼 수동적인 마음의 상태 같은 것 - 같은 영역과 연루되어 있습니다.

귀신을 접촉하는 능력은 흔히 가족에게서 물려받음으로 가족 안에서 한 세대에서 다음으로 이어지고 따라서 '아는, 접한'(familiar)이라는 이름도 어느 정도 그 이유에서 왔을 것입니다. '아는, 접한'이라는 단어는 '가족'(family)의 어원에서 온 것입니다.

어떤 사람이 그리스도를 그들의 구세주로 받아드렸어도 그 사람이나 그의 가족들이 전에 이러한 마술적 행위를 했던 경력이 있다면, 지금이라도 큰 소리를 쳐서 그 관계를 끊겠다고 해야 할 필요가 있습니다. 그리스도인도 귀신의 세력으로부터 괴롭힘을 당할 수가 있습니다. 귀신들은 그 사람이나 가족들과의 지난 소속 관계 때문에 아직도 그들에게 접근할 권한이 있다고 믿기 때문입니다.

우리들 대부분은 우리 조부모나 증조부모들이 사탄과 무슨 관계가 있었을지 알지 못합니다. 그분들이 고의적으로든 또는 몰라서든 마술이나 다른 금지된 행위에 빠졌었는지도 모릅니다. 다만 지금 알아야 할 것은 하나님 말씀대로 살면 우리들은 귀신 들리지 않는다는 것입니다. 그것은 한마디로, 우리가 그렇게 해야 한다는 것을 알았더라면 벌써 그렇게 했을 것이지만, 우리 삶에서 그 문들을 영구히 닫아야 한다는 의미입니다. 우리는 사탄과 괴롭게 구는 귀신들에게 하나님 말씀에 근거해서, 이제 우리는 새 주인 밑에 있으니 과거에 우리들이나 친척들이 그들과 맺었을지 모르는 모든 약조를 깨버린다고 알려 줍니다. 우리는 이제 예수 그리스도 안에서 새로운 피조물입니다.

우리의 개인적 사역 중에서 우리들의 지나간 생활로부터 오는 '줄'을 끊은 후에야 사람들이 영혼의 충만한 자유를 얻을 수 있는 것을 발견했습니다. 우리는 전도 집회에서 특히 사람들이 성령 세례를 받기 원할 때는 의당히 그들에게 마술과 심령술 행위를 끊는 기도를 하게 합니다. 그 일은 절대로 그들에게 해가 되지 않고 오히려 성령 충만하게 살기 원하는 그 사람들을 자유하게 하는 것을 보았습니다.

하나님의 말씀은 신접한 자와 관련된 것에 대해 매우 단호하십니다.

"남자나 여자가 신접하거나 박수가 되거든 반드시 죽일지니 곧 돌로 그를 치라 그 피가 자기에게로 돌아가리라"(레 20:27). 하나님은 이러한 행위를 하는 것에 대해 심한 비난을 하십니다. 왜냐하면 경건치 못한 영들에게 그 인도함을 구하는 사람들은 실제로 첫 계명을 어기는 것이기 때문입니다. 이러한 종류의 영적인 대화는 참여하는 자에게 출애굽기 20:5 말씀대로 심판을 가져옵니다. **"나 여호와 너의 하나님은 질투하는 하나님인즉 나를 미워하는 자의 죄를 갚되 아비로부터 아들에게로 삼사 대까지 이르게 하거니와"**

사울

사울과 엔돌의 신접한 여인의 슬픈 경우는 하나님의 예언자 사무엘이 죽었을 때 일어난 무익하고 비극적인 일을 이렇게 서술하고 있습니다.

"사울이 블레셋 사람의 군대를 보고 두려워서 그 마음이 크게 떨린지라 사울이 여호와께 묻자오되 여호와께서 꿈으로도, 우림으로도, 선지자로도 그에게 대답지 아니하시므로 사울이 그 신하들에게 이르되 나를 위하여 신접한 여인을 찾으라 내가 그리로 가서 그에게 물으리라 그 신하들이 그에게 이르되 보소서 엔돌에 신접한 여인이 있나이다

사울이 다른 옷을 입어 변장하고 두 사람과 함께 갈 새 그들이 밤에 그 여인에게 이르러는 사울이 가로되 청하노니 나를 위하여 신

접한 술법으로 내가 네게 말하는 사람을 불러올리라

여인이 그에게 이르되 네가 사울의 행한 일 곧 그가 신접한 자와 박수를 이 땅에서 멸절시켰음을 아나니 네가 어찌하여 내 생명에 올무를 놓아 나를 죽게하려느냐

사울이 여호와로 그에게 맹세하여 가로되 여호와께서 사시거니와 네가 이 일로는 벌을 당치 아니하리라 여인이 가로되 내가 누구를 네게로 불러올리랴? 사울이 가로되 사무엘을 불러올리라 여인이 사무엘을 보고 큰 소리로 외치며 사울에게 말하여 가로되 당신이 어찌하여 나를 속이셨나이까? 당신이 사울이시니이다

왕이 그에게 이르되 두려워 말라 네가 무엇을 보았느냐 여인이 사울에게 이르되 내가 신이 땅에서 올라오는 것을 보았나이다 사울이 그에게 이르되 그 모양이 어떠하냐 그가 가로되 한 노인이 올라 오는데 그가 겉옷을 입었나이다 사울이 그가 사무엘인줄 알고 그 얼굴을 땅에 대고 절하니라

사무엘이 사울에게 이르되 네가 어찌하여 나를 불러 올려서 나로 분요케 하느냐 사울이 대답하되 나는 심히 군급하니이다 블레셋 사람은 나를 향하여 군대를 일으켰고 하나님은 나를 떠나서 다시는 선지자로도, 꿈으로도 내게 대답지 아니하시기로 나의 행할 일을 배우려고 당신을 불러 올렸나이다

사무엘이 가로되 여호와께서 너를 떠나 네 대적이 되셨거늘 네가 어찌하여 내게 묻느냐 여호와께서 나로 말씀하신대로 네게 행

하사 나라를 네 손에서 떼어 네 이웃 다윗에게 주셨느니라 네가 여호와의 목소리를 순종치 아니하고 그의 진노를 아말렉에게 쏟지 아니하였으므로 여호와께서 오늘날 이 일을 네게 행하셨고 여호와께서 이스라엘을 너와 함께 블레셋 사람의 손에 붙이시리니" (삼상 28:5~19).

참으로 무슨 일이 있었는가?

그날 밤에 무슨 일이 있었는가를 보여주는 여러 가지 단서가 있습니다. 7절과 8절에 명백히 사울이 하나님께 대답 받지 못하므로 신접한 여인으로부터 말을 듣기 원했다고 되어 있습니다. 만일 하나님이 정규 통로를 통해 사울에게 대답하길 원치 않으셨다면 그분은 절대로 신접한 영이 역사하는 무당을 쓰시지도 않을 것입니다. 명심하십시오. 만일 하나님이 그분의 백성들에게 말씀하길 원하시면 그분은 성령이나 또는 기록된 하나님 말씀을 이용하십니다. 하나님은 결코 사람들과 대화하시려고 더러운 영을 쓰시지는 않을 것입니다.

여기서 끌어낼 수 있는 한 가지 결론은 신접한 자 또는 귀신이 사무엘인 척했다는 것입니다. 귀신들은 세상이 어떻게 돌아가는지 잘 압니다. 그리고 그들은 이렇게 안 것을 이용해서 예측하고, 탈선시키고, 두려움을 주입하고, 인간성을 혼란하게 합니다.

슬픈 사실은 사울이 그 구한 것을 그대로 받았다는 것입니다. 그가 구했던 귀신의 인도함은 사울을 자살의 내리막길로 가게하고 또 하나님으로부터 영구히 갈라지게 했습니다. **"사울의 죽은 것은 여호와께 범죄 하였음이라 저가 여호와의 말씀을 지키지 아니하고 또 신접한 자에게 가르치기를 청하고 여호와께 묻지 아니하였으므로 여호와께서 저를 죽이시고"**(대상 10:13, 14). 신접한 자와 초혼자의 거짓된 인도함이 한 사람을 얼마나 멀리 길을 잃도록 끌고 가는가 하는 예가 있다면 그건 바로 사울입니다.

마음을 읽는 사람들 (Mind Readers)

아마 당신은 TV에서 낯선 이들의 마음을 읽는다는 사람들을 보았을 겁니다. 실은 그들은 공범으로부터 암호로 정보를 전달받는 사기꾼이 아니면 신접한 영과 통해 있을 것입니다.

거짓 예언 (False Prophets)

요즘 소위 말하는 예언자들에 의하여 퍼지는 예언 정보는 세계 지도자급 인사들의 사망 예측으로부터 암 치료에까지 이릅니다. 오늘날 세계의 돌아가는 상황을 생각할 때, 누구라도 무슨 일이 일어날 것인지를 모르는 것이 좋을 것이라고 생각지 않으십니까? 그러나 두려움에 쌓인 사람들은 끊임없이 걱정하게 하는 불확실성 보다는 차라리 최악의 예언이 더 낫다고 생각하는 것 같습니다.

이 일에는 속임수가 많지만 많은 예언이 사실로 되기도 합니다. 사탄은 제한된 지식이 있습니다. 특히 재난과 죽음의 영역 안에서는 더욱 그렇습니다. 요한복음 10:10에 의하면 그가 이러한 일들의 원인이니 그럴 수밖에 없습니다.

나는 전에 진 딕슨(Jeane Dixon) 부인이, 뉴욕의 정전 사태가 일어나기 일 년 전 그 일을 상세한 것까지 TV에서 예언하는 것을 보았습니다.

딕슨 부인은 그 위치에서 아마도 제일 인기 있는 여성 점술사였을 것입니다. 매년 정초에는 많은 신문 잡지들이 그 여자의 그 해 예측을 기사화하는 것이 관례였습니다.

그녀가 가장 중요하다고 분류하고, 실로 자기가 왜 예언의 능력을 받았는가 하는 이유라고 하는 것은 1962년 5월 2일 중동에서 태어난 아이에 관한 것입니다. 그는 그 아이가 '온 세계에 혁명을 일으키고 종국적으로는 서로 모순되는 신조와 종파를 모두 하나로 포용하는 믿음으로 통일할 것이다.'*고 주장합니다. 또한 그녀는 자기가 겪었던 뱀과의 경험을 통해 '우리가 성장을 위해서는 동쪽을 바라보아야 하고 서쪽을 보면 사물의 끝이 온다'는 암시였다고 말합니다. 뱀이 그녀의 몸을 휘감았는데 그녀는 그 눈에서 '세대를 통해 모든 것을 다 아는 지혜'를 볼 수 있었다고 주장했습니다.*

비록 그녀가 자신의 예언 능력에 대해 하나님께 영광을 돌릴지라도, 우리는 단지 그녀가 그 말을 귀 기울여 듣는 사람들을 속이는 신접한 영에 의하여 이용당하고 있다고 결론 내릴 수 있을 뿐입니다. 왜냐하면 하나님은 그분의 미래 계획을 전하기 위해 뱀을 사용하시지 않기 때문입니다.

하나님의 인도하심

하나님 자녀들의 삶을 지시해 주시는 하나님의 방법은 성령의 감동으로 된 그분의 말씀 안에서 찾을 수 있습니다. 시편 기자는 우리에게 하나님의 말씀은 **"… 내 발에 등이요 내 길에 빛이니이다"**(시 119:105)고 말합니다.

우리가 성경을 읽거나 묵상할 때, 성령은 우리에게 성공적이고 의로운 삶을 살도록 필요한 진리를 가르쳐 줍니다. 예수님도 제자들에게 미래의 인도함을 받기 위해서 성령에 의지하도록 가르쳐 주셨습니다. 요한복음 14:26의 말씀입니다. **"보혜사 곧 아버지께서 내 이름으로 보내실 성령 그가 너희에게 모든 것을 가르치시고 내가 너희에게 말한 모든 것을 생각나게 하시리라"**

투시자 (Clairvoyants)

끝으로, 투시력이 있다고 주장하는 심령술사들이 있습니다. 그들은 신접한 영으로부터 영력을 받아 잃어버린 물건이나 사람들을 본다고 합니다. 경찰서에서는 때로 이런 사람들을 접촉하여 잃어버린 아이들이나 살인 사건의 실마리 또는 희생자의 시신까지 찾으려 합니다. 살인 피해자가 어디에 있는지는 살인범을 처음부터 교사하여 범죄를 저지르도록 한 귀신들보다 더 잘 아는 사람이 누구이겠습니까?

이런 심령술사들은 자기들의 '영적인 안내자'가 되는 신접한 영의 말을 들을 수 있도록 자신들의 마음을 기울입니다. 그 안내자는 일반 대중에게 매력적이고 환상적일 것이라고 느껴지는 내용들을 넘겨줍니다. 누구나 내부 자료를 얻기 원합니다. 다들 다음 사람보다 한발 앞서기를 원하기 때문입니다. 따라서 의심하지 않는 희생자에게 덫이 씌워집니다.

처음에는 신뢰를 얻기 위해서 정보를 제공하지만 점차로 거짓말이 진실보다 많아져 의심치 않고 속기 잘하는 사람은 걸리게 됩니다. 그 사람은 점점 깊이 '새로운 진리와 계시'로 끌려 들어가게 됩니다. 나머지 세상은 그가 지금 가진 지식에 비해 뒤떨어졌다고 생각합니다. 하나님의 인도하시는 말씀도 없이 그 신접한 영은 가장 터무니없이 어리석은 말을 그에게 들려주고 그는 그 말이 먼 항성에서 온 신성한 예언이거나 또는 심지어 하나님 바로 그분으로부터 온 메시지라고 믿습니다.

에드가 케이시 (Edgar Cayce)

에드가 케이시(Edgar Cayce)(미국인 1877-1945, 투시자, 심령 치유 및 자칭 예언자로 한때 이름을 날림) - 역자주 고 에드가 케이시는 여기에 적합한 실례가 됩니다. 그가 몽롱한 상태로 되면 신접한 영이 들어와서 여러 가지 병과 질환에 걸린 사람들을 낫게 할 치료법을 내어 줍니다. 이렇게 '판독'이라고 불리는 것들이 잘 듣는 것 같으므로 따르는 사람들은 그것이 하나님으로부터 온 줄로 믿었습니다. 그러나 거기서 끝나지 않았습니다. 그 영은 그들을 계속해서 환생과 다른 거짓 믿음으로 이끌었습니다. "환생은 이론이 아니다. 그것은 인간의 죽음에 직접으로 영향을 끼치는 실제적 윤리 강령이다. 에드가 케이시의 판독이 그것을 명백히 받쳐 준다…."*

"케이시의 수천 개의 판독의 결과는 출판 협회를 통해 잘 보전되어 발표되고 있으며, 그 회원들의 숫자가 계속 늘어나는데, 에드가 케이시의 잠재력으로부터 나오는 모든 진수를 매주 또는 매월 받아드리는 사람들이다…."*

케이시 추종자들은 성경을 지식의 원천적 근원으로 받아드리지 않습니다. 왜냐하면 그 사람들에게는 하나님의 말씀을 개정한다고 믿는 다른 정보가 있었기 때문입니다.

케이시 자신은 이렇게 말했습니다. "일생 동안 나를 통하여 오는 것이 무엇인가 생각해 보았습니다. 그것이 마귀에게서 온 것인지, 하나님인지, 그저 어리석은 짓인지… 만일 그것이 마귀였다면 악한 일을 저질렀겠지요. 그런데 내가 아는 한 절대로 악한 일은 생기지 않았습니다."*

그러나 그가 잘못 알았습니다. 사람들을 하나님의 말씀의 진리로부터 멀어지게 하는 것이 바로 악입니다.

초월 명상 (Transcendental Meditation)

초월 명상에서는 심적 안정과 다른 몇 가지 유익을 얻기 위해 특별한 단어를 지속적으로 소리 내어 반복합니다. 사람들은 그 특별 단어들이 귀신의 이름으로, 그것에게 나타나서 자기를 인도하고 사로잡아 달라고 부르고 있는 것임을 대부분 알지 못합니다.

인도나 중동으로부터 온 종교들이 미국에서 성하고 있는 것은 참으로 놀라운 일입니다. 기독교 국가인 우리나라가 이교도 신앙으로 돌아서고 있는 경우는 하나님의 말씀이 마음의 평화로 가는 유일한 길로 받아들여지지 않을 때입니다.

초월 명상을 하는 사람들이 명상을 시작할 때 어떤 증상의 완화를 느낍니다. 마귀는 빈틈이 없습니다. 자기 종으로 만드는 일을 음흉하게 진행시키기 전에 갈고리가 확실하게 깊이 박히게 합니다. 안정이 얻어질지 모르지만 거기서 그치는 것이 아닙니다. 기아와 참상의 인도를 보십시오. 그러면 이 귀신들의 행위의 무서운 마지막 장면을 그려볼 수 있을 것입니다. 이러한 종교들이 그렇게 굉장하면 왜 수세기 동안 믿어온 인도 사람들을 돕지 않습니까? 그것이 가져다준 유익이라고는 굶주림과 기아와 파멸뿐입니다. 그런 것이 마귀가 인간에게 기여하는 것이기 때문입니다.

나는 코스타리카(CostaRica) 집회에서 한 여성을 만났습니다. 그의 두 아들은 말하는 것과 성대 문제로 어려움을 당하고 있었습니다. 성령은 내게 그 여자가 마술사를 방문하고 왔다고 알려 주었습니다. 그 여자에게 물은즉 그렇게 했다는 것을 부인했습니다.

"그래요, 당신은 지난 삼 년 안에 마술사에게 간 적이 있습니다."라고 나는 주장했습니다. "이제 사실을 말하세요. 언제 아이들을 마술사에게 데려갔지요? "

그녀는 울음을 터뜨리고 사실이라고 고백했습니다. 아이들 병이 심하지 않아서인지 겉보기로는 마술사가 아이들을 고쳐놓았습니다. 그러나 그때 더 심각한 문제가 나타나기 시작했고 이제 그 여자는 겁이 났습니다. 그녀가 죄를 고백하고 마술에 참여하는 것을 끊었을 때 예수님께서 아이들을 치유해 주셨습니다.

사탄은 처음에는 피해자를 돕는 듯 보이지만, 그건 전보다 몇 배나 더 비참하게 사로잡아 그 거짓말과 질병, 어둠의 일들에 휩싸여 희망을 잃게 하기 위한 것입니다.

초감각 인식 (E.S.P.)

우리는 모두 초감각 인식을 실행하는 사람들에 관해서 들었을 줄 압니다. 그 사람들은 숟가락과 금속을 구부리고, 고장 난 시계를 가게하고, 물건을 움직이는데 겉으로는 정신 집중력으로 하는 것 같습니다.

실제로 그들은 사람들의 주의를 끌려고 이런 광대 짓을 이용하는 귀신들과 연계된 것입니다. 일반 사람들에게도 이런 묘기를 직접 해보라고 부추깁니다. 예외적인 정신력을 사용하는 실험을 해보라는 말도 합니다. 서글픈 일은 귀신들이 이런 기회를 이용해서, 마인드 콘트롤을 하겠다고 하는 사람들을 더 깊은 마술의 함정으로 끌어들일 수 있다는 것입니다.

지절거림과 수근거림 (Peeping and Muttering)

기도 모임이나 교회까지도 파고들려고 하는 거짓 예언의 교묘한 형태는 하나님 말씀에 기초가 단단하지 못한 그리스도인들에게는 타당하게 여겨지는 방언의 형태를 사용합니다. 이러한 방언들은 실제로 벌레들이 찍찍거리는 소리 같습니다.

나는 이런 광경을 어느 날 여성기도 모임의 인도자에게서 목격하였습니다. 그 여자는 빠르고 단조롭게 숨 쉬듯이 "라라라, 따따따" 소리를 내며 기도하였습니다. 그러더니 자기 마음의 스크린에 펼쳐진 환상을 떠올리려 했습니다.

그것을 들었을 때 나는 내 영혼 속에 참기 힘든 혐오감을 느낄 수 있었습니다. 그 여자는 소위 예언이라는 것을 내게도 하려고 했으나 나의 영혼은 그것이 하나님께로부터 왔다고 확증할 수 없었습니다. 그 예언들은 맞지 않았지만 그러는 동안에 다른 순진하고 깨닫지 못하는 여자들이 그 '기도 언어(방언)'의 특별한 형태를 사용하기 시작했습니다.

기도와 말씀 연구를 마친 어느 시간에 하나님은 우리가 사탄의 영향을 대면하고 있었다는 것을 보여 주셨습니다. 여기에 찾은 말씀이 있습니다. **"혹이 너희에게 고하기를 지절거리며 속살거리는 신접한 자와 마술사에게 물으라 하거든 백성이 자기 하나님께 구할 것이 아니냐"**(사 8:19).

하나님은 우리의 영에게 말씀하십니다

그 환상의 근원에 대한 한 가지의 암시는 그것들이 그녀의 마음의 스크린에 보였다는 사실입니다. 하나님이 우리와 교통하시는 방법은 우리의 마음을 통해서가 아니고 우리의 영을 통해서입니다. **"하나님은 영이시니 예배하는 자가 신령과 진정으로 예배할지니라"**(요 4:24).

어떤 것이든 사람의 마음에서 근거된 것이나 사람의 마음을 과장해 말한 것은 유의하십시오. 마음이야말로 하나님의 말씀으로 매일 새롭게 되지 않으면 사탄의 놀이터가 됩니다. 하나님이 주신 성령의 은사들은 순결하고 고무적입니다. 하나님이 역사하시는 방법으로부터 멀어진 사람들에게 하나님의 말씀이 뜻하는 것이 무엇인지 보여 줌으로써 잘못을 지적하기를 두려워 마십시오. 위에 말한 경우에 나는 그들과 성경공부를 하며 잘못된 것, 마귀의 계교를 드러내었습니다. 그 관련된 여자 지도자는 내게 화를 내었는데, 그것은 그녀의 영적 상태를 확실히 나타내 주는 것이었습니다. 모르고 있던 여자들은 곧 정신을 차리고 하나님의 성령의 은사가 어떻게 역사하는지 알 수 있도록 도와준 것을 고마워

했습니다.

우리가 진실로 하나님과 동행한다면 우리는 또한 겸손하고 가르침을 잘 받는 영을 분명히 나타내야 한다는 것을 나는 알았습니다.

심령술의 현상 (Psychic Phenomena) - 요정의 소란 (Poltergeist Activity)

심령술의 현상과 소란을 피우는 요정은 유령의 집에 사는 가족들을 매혹시키기도 하고 또 공포에 떨게도 합니다. 피아노는 보이지 않는 손에 의해 건반이 눌러지고, 장들은 흔들리고, 접시는 떨어지고, 아무도 보이지 않는데 발걸음 소리가 들리고, 유령이 보였다 없어졌다 하고, 냉한 공기가 설명할 수 없는 장소에서 느껴지고, 쇠사슬도 없는 곳에서 쇠사슬 부딪치는 소리가 들립니다. 이러한 현시는 모두 아무것도 아니고 단지 귀신들이 관련된 불쌍한 사람들에게 겁을 주고 비웃는 것입니다. 어떤 사람들은 비명에 죽어서 안식하지 못하는 사람들의 영이 그 죽은 자리를 배회하는 것이라고 믿습니다. 그러나 하나님의 말씀은 단호하게 사람은 죽은 후에 돌아다니지 않는다고 말씀하십니다. 그들은 그리스도를 구세주로 거부했는가, 영접했는가에 따라 지옥이나 천국으로 갑니다. **"한번 죽는 것은 사람에게 정하신 것이요 그 후에는 심판이 있으리니"**(히 9:27).

만일 우리가 이런 귀신 활동에 접하게 되면 우리는 예수의 이름으로 귀신들을 흔들어서 그들의 감옥 속으로 다시 넣어야 합니다. 이런 터무니없는 일들은 참고 견딜 필요가 없습니다. 귀신은 만일 지켜보는 관객만 있으면 막간 쇼를 펼치길 좋아합니다. **"하나님은 어지러움의 하나님이 아니시요 오직 화평의 하나님이시니라"**(고전 14:33).

마약 (Drugs)

중독성이 있는 마약들은 종의 영 밑에 속하지만, 사탄은 엘에스디(LSD), 코카인, 크랙, 알코홀 등의 환각제와 바리움, 리브리움 같은 처방 약들의 원인으로 인한 수동적 마음의 상태를 이용하여 그런 종류의 약 성분들을 시험해 보거나 상용하는 사람들 가운데 우울증으로부터 귀신 들리는 것까지 모든 것을 유발시킬 수 있습니다. 우리는 우리 마음이 흐릿해지게 할 수는 없습니다. 사탄은 우리가 지키고 있지 않으면 그러는 동안에 우리의 약해진 상태를 이용하여 강제로 우리를 넘어트리려고 합니다.

이 장에서 기술한 신접한 자와 관련된 여러 가지 활동에 참여함으로 의식적이건 무의식중이든 사탄의 계략 안에 빠진 사람은 누구나 악의 세력에 의하여 어떤 방법으로든지 괴로움을 당할 각오를 해야 합니다. 귀신들은 예수의 이름으로 구별되게 알려 주고 하나님의 말씀으로 뒷받침해 주기까지는 그렇게 할 권한이 있다고 생각합니다.

신접한 영으로부터 구원

만일 당신이 신접한 자로부터 구출되기를 원하고 또 필요로 하는 사람과 상담하고 있다면 그에게 먼저 그리스도를 구세주로 영접해야 한다고 알려 주십시오. 인도함을 받기 위해, 하나님 대신 사탄을 의지하는 것의 심각성을 하나님의 말씀으로 지적하십시오. 다음에 예수의 이름으로 강한 자를 매고 그의 삶 가운데 성령의 능력을 풀고 모든 마술과 심령술의 행위를 끊는다는 기도를 인도하십시오. 그가 구원받은 후 그로 하여금 즉시 성령의 세례를 받도록 권면하는 것이 좋은 생각입니다. 그리하면 그 사람은 훗날에 신접한 자가 다시 들어오려고 하는 것을 막아낼 식별력과 능력을 가질 수 있기 때문입니다. 하나님의 말씀을, 마치 적이 찌르는 것을 막아낼, 칼처럼 사용하여 그가 굳세게 설 수 있도록 가르치십시오. 그리고 끝으로 그의 과거 생활로 돌아가게 하는 어느 유혹도 단호하게 거절하는 것이 엄청나게 중요하다는 것을 보여주십시오.

기도

귀신의 영향력에서 자유하게 되고 물들지 않는 가장 좋은 방법은 **"성령의 충만을 받으라"**(엡 5:18), **"그리스도의 말씀이 너희 속에 풍성히 거하여 모든 지혜로"**(골 3:16)입니다.

사탄의 것을 추구하는 어리석음은 그의 세력은 하나님의 권세보다 열등하다는 데 있습니다. 우리는 하나님의 능력과 지혜를 우리 삶에 소유하고 일등석으로 갈 수 있는데 왜 이등석에 안주합니까?

만일 당신께서 그리스도를 구세주로 받아들이지 않았으면 당신의 깊은 마음속으로부터 진정으로, 소리를 내서 말씀하십시오.

주 예수님 저의 죄를 용서하시고 나를 당신의 자녀로 삼아 주십시오. 나는 당신을 나의 개인의 구세주로 받아들이고 오늘부터는 당신 말씀의 가르침을 따르기로 약속합니다. 예수님 나의 죄로부터 나를 구해 주셔서 감사합니다. (아멘)

마태복음 18:18에 의하면 이제 당신은 하나님의 가족임으로 강한 자인 신접한 자를 매고 당신의 삶 속에 성령의 능력을 풀 수 있습니다.

아버지, 예수님의 이름으로 당신 앞에 왔습니다. 저의 죄를 알게 한 당신의 말씀과 성령께 감사합니다. 현재나 과거에 사탄의 마술 활동에

관계한 것을 용서하옵소서. 하나님을 사랑합니다. 앞으로 남은 생애를 당신의 말씀대로 살겠습니다. (아멘)

사탄아! 마태복음 18:18에서 '…무엇이든지 너희가 땅에서 매면 하늘에서도 매일 것이요'라고 명백히 말씀하신 대로 예수의 이름으로 너와 너의 신접한 자를 맨다. 너는 나나 우리 가족 중 누구라도 만들었을지 모르는 약조라도 지금부터는 무효임을 알지어다."

주 예수님 자유를 주신 것을 감사합니다. 또 당신의 거룩한 이름을 찬양합니다. 마태복음 18:18에 의하면 '… 무엇이든지 땅에서 풀면 하늘에서도 풀리리라'라고 하셨습니다. 나는 당신의 권능으로 나를 회복시키시고 채우시도록 내 삶 가운데 성령의 능력을 풉니다. 당신의 말씀을 읽도록 갈망함을 주옵소서. 예수님, 나의 기도를 들으시고 응답해 주신 것을 감사하오며 나의 남은 생애 동안 주님의 말씀을 따를 것을 약속합니다. (아멘)

MEMO

MEMO

적그리스도의 영

요한일서 4:3

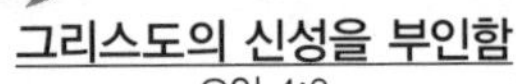

마태복음 18:18에 의하면…

매다 : 적그리스도의 영
풀다 : 진리의 영
요한일서 4:6

제14장

적그리스도의 영 (Sprit of Antichrist)

"예수를 시인하지 아니하는 영마다 하나님께 속한 것이 아니니 이것이 곧 적그리스도의 영이니라 오리라 한 말을 너희가 들었거니와 이제 벌써 세상에 있느니라"(요일 4:3).

근본적인 공격

이 영은 기독교의 바로 그 기본인 예수 그리스도의 동정녀 탄생하심을 공격하고 있습니다. 예수님이 육신을 입고 오신 하나님이 아니라면, 주님이 주장하시는 그 외의 모든 것들 즉 속죄, 치유, 성령의 치유, 성령의 침례(세례), 죽은 자의 부활, 공중 들림, 주님의 재림 등은 거짓이 됩니다.

적그리스도의 영은 예수님은 선한 분이시지만 그 이상은 아무것도 아니라고 가르치는 사람들을 통하여 일합니다. 모슬렘들은 예수님을 위대한 선지자라고 분류하나 여러 선지자 중 하나일 뿐이라고 합니다. 심지어는 UFO로부터 통신을 받았다고 가상해서 그리스도의 신성을 무효화시키려고 합니다.

세속적 인문주의 (Secular Humanism)

세속적 인문주의는 오늘날 가장 위험한 종교라고 이름이 붙어 있습니다. 그것은 사람의 의지와 하나님의 뜻 사이에 고대부터 있었던 전형적인 대립입니다.

간략하게 말하면 인문주의는 하나님을 떠나서 사람들의 문제를 해결할 수 있다고 잘못 생각하고 있는 인간 중심의 종교입니다.

"C.C.C 대표였던 빌 브라이트(W. Bright) 박사는 말하길 왜? 우리 사회가 점점 더 세속적으로 되어가고 있고 왜 기도나 성경 읽는 것을 공립학교에서 금하고 있는지 생각해 본 적이 있습니까?… 왜 미국인들이 오늘날 성의 개방, 동성애, 근친상간, 낙태 등에 대해 훨씬 더 관대해졌는지 생각해 보았습니까? 인문주의 종교에 큰 책임이 있습니다.* 많은 비종교적인 학교의 학생들은 하나님, 부모, 목사님들, 선생님들, 또는 행정 당국의 말을 들을 책임이 없는 것으로 믿게 되어갑니다. 그들은 '어떤 사람의 가치든 다 동등하다. 그러니 네가 무엇을 선택하든 네 선택이기 때문에 네게 옳은 것이다'라고 배웁니다."

존 듀이 (J. Dewey)

"실험주의 교육(Progressive Education)의 아버지인 존 듀이가 무신론자였다는 것을 알면 충격을 받을 사람들도 있을 것입니다. 그는 미국

인본주의자 협회(American Humanism Association) 창설자이며 초대 회장이었습니다. '하나님도 없고 또 영혼도 없다'라고 그는 주장했습니다."*

왜 우리 자녀들이 하나님을 모독하는 말 같은 것을 매일 듣고 하나님 말씀의 기본 개념을 의심토록 유인을 받는지 생각해볼까요?

사도 요한이 다음과 같이 우리에게 경고합니다. **"거짓말하는 자가 누구뇨 예수께서 그리스도이심을 부인하는 자가 아니뇨 아버지와 아들을 부인하는 그가 적그리스도니"**(요일 2:22).

그들이 수긍하려고 하건 말건 인본주의 선언들(Humanist Manifesto Ⅰ, Ⅱ)은 그들에게는 바이블과 같은 것입니다.

다음과 같은 인용문들을 고려해 보십시오.

- … 우리가 믿기로는, …계시, 하나님, 예배 의식, 사도신경을 인간의 필요성 이상으로 올려놓는 전통적으로 독단적이고 권위적인 종교와 체험은 인류에게 해를 끼친다.
- 초자연적 존재를 믿을 수 있는 증거가 불충분하다…
- 신은 우리를 구원하지 않는다. 우리가 스스로를 구원해야만 한다.
- 영원히 죽지 않는다는 구원의 약속, 혹은 영원한 저주의 두려움은 모두 환영일 뿐이고 해롭다.
- 죽은 자가 살아난다는 믿을 수 있는 증거도 없다.*

세상의 의견

이 적그리스도의 영은 그리스도 대신 마귀의 모조품을 받아드리도록 세상의 철학을 열심히 다듬어가고 있습니다. 사도 요한은 이 사람들이 골라 쓰는 핵심적인 말과 구절로 강한 자가 조종하는 사람들을 우리가 분별할 수 있을 것이라고 말합니다. 그들의 말하는 형태는 진리를 아는 사람들에게는 그 전모를 드러낼 것입니다. **"저희는 세상에 속한 고로 세상에 속한 말을 하매 세상이 저희 말을 듣느니라"**(요일 4:5).

세상은 사탄의 최근 프로그램을 지금껏 나온 중에 가장 위대한 것처럼, 즐거이 받아들입니다. 그들은 악한 것은 절대 의심치 않고 선한 것만 의심합니다. 계략 중 '스스로 해결하라(do your own thing)'라는 문구가 효력을 나타낼 시기에는 이 세상의 사탄에 사로잡힌 사람들이 의심도 없이 즉시 흉내 내기 시작했습니다. 그러나 경건한 사람들은 이것은 하나님 말씀으로 말하는 것이 아닌 줄 압니다. 우리는 혼자서 행하지 않습니다, 하나님의 뜻에 순종합니다. **"우리는 하나님께 속하였으니 하나님을 아는 자는 우리의 말을 듣고 하나님께 속하지 아니한 자는 우리의 말을 듣지 아니하나니 진리의 영과 미혹의 영을 이로써 아느니라"**(요일 4:6).

그들을 표시하십시오!

우리는 하나님 말씀을 기준으로 그들의 말들을 판단해야 하고 또 사탄의 지휘 아래 세상의 시스템에 길들여진 존재라고 표시해야 됩니다. 만일 이 사람들이 더욱 고차원의 양심이나 다른 교훈을 얻기 위한 '새로운 계시'를 전한다고 문을 두들겨도 우리는 들이지도, 듣지도 말아야 합니다. 요한은 우리에게 그리스도의 교훈 안에 거하지 않는 사람들에게는 지나가는 인사조차도 하지 말라고 경고합니다. **"누구든지 이 교훈을 가지지 않고 너희에게 나아가거든 그를 집에 들이지도 말고 인사도 말라 그에게 인사하는 자는 그 악한 일에 참예하는 자임이니라"**(요이 1:10, 11).

수백만의 사람들이 이러한 거짓되고, 경건치 못한 선생들에 의해 속임을 당하는 것을 알면 이것은 그렇게 가혹한 것처럼 생각되지 않습니다. **"미혹하는 자가 세상에 나왔나니 이는 예수 그리스도께서 육체로 임하심을 부인하는 자라 이것이 미혹하는 자요 적그리스도니"**(요이 1:7).

많은 그리스도인들이 이들에게 이렇게 말하는 것을 압니다. 즉 "나는 그런 방법으로 믿지 않으니 받아들일 수 없습니다. 나는 다른 시각으로 봅니다만 어떻든 하나님 축복을 받으십시오." 그리스도인들은 그럴 것이 아니라 우리는 단적으로 그들은 하나님 말씀을 전파하는 것이 아니라고 말해 주어야 합니다. 참으로 진리를 추구하는 사람들이라면 우리가 성령의 인도하심으로 말하는지 멈춰서 귀담아 들을 것입니다.

우리는 영적전투 중에 강력해 집니다

우리는 사탄의 악한 목적으로부터 세상을 피하게 하려고 강력한 힘을 받았습니다. 따라서 우리는 당당해야 합니다. 이제 우리는 여기서 하나님의 더 크신 능력으로 마귀의 세력과 싸워야 합니다.

"자녀들아 너희는 하나님께 속하였고 또 저희를 이기었나니 이는 너희 안에 계신 이가 세상에 있는 이보다 크심이라"(요일 4:4).

우리가 예수님을 대장으로 세우면 그분은 **"… 길이요 진리요 생명이니", 말씀하시기를, "… 모든 사람을 내게로 이끌겠노라 하십니다"**(요 14:6, 12:32).

우리의
미래를 그려 보십시오!

기도

하나님의 말씀은 영원하십니다.

사랑의 아버지, 이 세대의 마지막 악한 때 나를 인도하시는 하나님의 말씀과 성령께 감사드립니다. 하나님, 주님께 모든 것을 의지합니다. 주님의 말씀은 단호하게 '천지는 없어지겠으나 내 말은 없어지지 아니하리라'고 하셨습니다. 그런 약속을 주시니 감사합니다. 나를 돌보아 주실 당신의 능력을 의심한 것을 용서하옵소서.

사탄아, 예수의 이름으로 너의 적그리스도의 영을 꾸짖노라. 나는 너의 악한 강한 자에게 지배당하지 않을 것이다. '…이는 내 안에 계신 이가 세상에 있는 이보다 크심이라.' '…무엇이든지 땅에서 매면 하늘에서도 매이리라'고 약속하신 마태복음 18:18에 의거하여 나는 너의 적그리스도의 영을 묶는다. 더 크신 분이 내 안에 계시기 때문에 너는 내 안에서 활동할 수 없노라.

하나님의 도우심

주 예수님, 나에게 길과 진리 그리고 생명을 주심을 감사합니다. 내가 주님의 말씀과 성령으로 동역할 때 나의 필요한 모든 것을 주시니 주님 안에서 편히 있을 수 있습니다. '무엇이든지 땅에서 풀면 하늘에서도 풀리리라'고 말씀하신 마태복음 18:18에 의거하여 나는 내 삶 가운데 주님의 성령을 풉니다. 축복의 주님, 이 세대가 끝나는 날까지 저와 동행하심을 감사합니다. 아멘.

MEMO

MEMO

미혹의 영

요한일서 4:6

미혹
잠 14:22
요일 4:6
벧후 3:16, 17

순복하지 않는
잠 29:1
요일 4:6

거짓 교훈
딤전 6:20~21
딤후 4:3
딛 3:10
요일 4:1~6

교훈을 받지 않는
잠 10:17 ; 12:1 ; 13:18
잠 15:10 ; 12, 32
딤후 4:1~4
요일 4:6

멸망의 종
벧후 2:19

다툼
약 3:16

방어적 / 거스려 말함
("하나님의 계시" 를 그들에게
개인적으로 방어하십시오)

뉴 에이지 운동
살후
벧후 2:10

뿌리들
"육체의 일"
갈 5:19~21

"그들의 열매로
그들을 알리라"
마 7:20

마태복음 18:18에 의하면…

매다 : 미혹의 영
풀다 : 진리의 영
요한일서 4:6 ; 시편 51:10

제15장

미혹의 영 (Sprit of Error)

"우리는 하나님께 속하였으니 하나님을 아는 자는 우리의 말을 듣고 하나님께 속하지 아니한 자는 우리의 말을 듣지 아니하니 진리의 영과 미혹의 영을 이로써 아느니라"(요일 4:6).

이 강한 자는 하나님의 말씀을 모르고 있을 동안에 가장 잘 활동합니다. 사람들은 거짓 종교를 믿으려고 의도적으로 시작하는 것이 아닙니다. 그들은 거짓 종교가 진리인 것처럼 보이기 때문에 그곳에 갑자기 끌려 들어갑니다.

신기루 (Mirages)

사막에서 뜨겁게 내리쬐이는 햇볕 아래 길을 잃은 사람들은, 신기루를 보곤 하는데, 이것은 피곤한 여행자들의 상상의 산물이거나 또는 자연적 현상들로 인한 것입니다. 많은 길 잃은 여행자들이 신기루를 따라가다 죽는 이유는 그들이 물이나 사막을 빠져나갈 길을 찾으려 비틀거리며 다닐 때 그들에게 보이는 것이 언제나 다다를 수 없는 곳에 신기루가 있기 때문입니다.

우리의 세상은 잃어버린 영혼들이 간절히 필요한 생명의 물을 찾아 신기루를 찾아가도록 충동하는 영적인 신기루로 꽉 차 있습니다. 하지만 그들을 바르게 인도하는 지도가 없어 엉뚱한 곳을 찾아 헤매는 헛수고를 할 것입니다.

예수님은 이러한 목마른 영혼들에게 외치십니다. **"누구든지 목마르거든 내게로 와서 마시라"**(요 7:37). 그리스도만이 이 세상에서 생수의 근원이십니다. 거짓 종교, 교훈, 또한 윤리 철학은 보기는 좋으나 한탄스럽게도 그것들은 신기루에 지나지 않고 사람의 내면적 목마름을 충족하지 못합니다.

예수께서는 우물가의 여인에게 이렇게 말씀하셨습니다. **"이 물을 먹는 자마다 다시 목마르려니와 내가 주는 물을 먹는 자는 영원히 목마르지 아니하리니 나의 주는 물은 그 속에서 영생하도록 솟아나는 샘물이 되리라"**(요 4:13, 14). 예수님은 만일 우리가 그분을 우리 마음 속에 영접하고 그의 말씀을 따르면 영생을 주실 것입니다.

미혹의 영

미혹의 영은 보통 거짓말하는 영, 적그리스도의 영, 미혹케 하는 영, 근심, 교만한 마음, 사특한 마음, 신접한 자, 점의 귀신같은 다른 강한 자들과 같이 일을 합니다.

미혹의 영에 의해 지배된 사람들은 자기가 미혹된 것을 알 수가 없습니다. 만일 그렇다면 계속해 거기 빠져 있지 않을 것입니다. 그들의 마음은 이 강한 자에 의해 그만큼 흐려져 있어 절대적으로 확신을 갖고 자기들만 옳고 다른 사람들은 모두 잘못이라고 합니다. 따라서 그들을 대할 때 매우 큰 인내심이 필요하고 그들에게 할 수 있는 한 힘을 다하여 하나님 말씀을 전해야 합니다.

성령께서 우리에게 한마디만 하게 할지도 모릅니다. 그다음에 성령께서는 그 말을 택하여 그들의 삶 가운데 잘못된 것을 들어내기 위한 빛으로 사용하십니다. 그 불들이 밝혀지면서 그 사람은 그때까지 추구해왔던 미혹을 바로 볼 수 있습니다. 우리들은 또 우리 자신이 개인적으로 간구함으로 이 영을 적극적으로 공격할 수 있습니다. 우리는 매일같이 이 강한 자의 미혹을 묶고 그 사람들 마음과 생활 가운데 진리를 풀어놓을 수 있습니다. 예수님은 진리이십니다. 따라서 우리는 그들에게 더 큰 영향을 주도록 예수님을 풉니다. 그들은 항상 미혹에 자신들을 열어놓기 때문에, 우리들은 그들이 그리스도께 그들의 생명을 맡기고 하나님 말씀으로 마음을 새롭게 할 때까지 매고 푸는 일을 지속적으로 해야 합니다.

라틴 아메리카 부흥 사역에서 사람들은 그들의 삶 가운데 무슨 일이 일어났는지 알게 될 때까지 한 달 또는 더 오랫동안 계속해서 회개의 기도를 반복합니다. 그들의 마음은 수 세기 동안 마술과 거짓 종교로 매우 어두워졌으므로 빛이 그들의 내면적 존재 속으로 아주 서서히 퍼집니다.

그러나 하나님의 빛이 마침내 그들의 마음에 파고 들어가 마치 전구가 그들 안에서 켜지는 것처럼 하나님의 빛을 보는 것은 참 즐겁습니다.

그들이 마귀의 거짓말을 광신적으로 추종하였다면 그럴수록 더 열광적으로 예수님을 따를 것입니다. 우리는 어찌할 수 없는 듯한 사람들을 구제하려면 입을 다물고 있을 수 없습니다. 그들 마음속에 있는 진리의 영이 소리쳐 부르기 때문입니다.

코스타리카에 있었던 한 부흥 집회기간에 한 사람이 매일 밤 외설적인 말을 소리치고, 차의 경적을 울리며 전반적으로 집회를 방해하며 그의 픽업트럭을 몰고 지나가곤 했습니다. 이 미친 짓은 거의 삼 개월 동안 계속되었습니다. 그동안에 우리는 비가 계속될 것을 대비해 새로 생긴 회중이 예배드릴 새 교회 건물을 짓고 있었습니다. 우리가 부흥 집회를 거의 다 지은 교회로 옮기기 이주 전에 그 사람은 드디어 그의 픽업트럭을 잠시 멈추고 하나님의 말씀을 들었습니다. 우리는 그가 술 중독자이고 그의 사업, 부부생활 그리고 생활이 다 깨져버린 것을 몰랐습니다. 그러나 하나님의 말씀의 빛이 술로 얼룩진 영혼을 찔렀고 그는 그리스도를 그의 구세주로 영접했습니다.

매일 밤 들리던 난폭한 사람이 한동안 오지 않아 궁금했는데, 지나간 몇 개월 동안 예배를 방해하기 위해 고함을 지르고 자동차 경적을 울리던 사람이 자기였다고 루이가 마침내 간증 했습니다. “그렇지만 예수님이 나를 변화시켰습니다.” 그는 말했습니다. “나는 이제 술도 끊었고 그리스도 예수 안에 새로운 피조물입니다! ” 신축 교회 건물의 전기

배선 작업은 아직 되어있지 않았습니다. 우리들은 단지 전선을 집회 현장에서 끌어와 전구를 단 후 교회 본당에서 이용했습니다. 하루는 루이가 내게 얘기하길 원하며 "제가 전기 기술자입니다." 말하고, "하나님이 저에게 이 새 건물 안의 전기 시설을 하라고 말씀하셨습니다." 그 후로 루이는 교회의 정식 전기공이 되었고 새 교회가 실제로 시작된 야외 부흥 집회 현장뿐만 아니라 코스타리카에 있는 모든 대형 교회 전기배선 공사를 그가 다 했습니다. 루이는 하나님의 일이라면 무엇이든지 했습니다. 마지막으로 그와 얘기할 때 그는 목사가 될 준비를 하고 있었습니다. 나는 이제 예수님께 인도할 미혹의 영에 이끌린 자를 찾습니다. 그들은 대단한 그리스도인이 됩니다.

뉴 에이지 사교 (The New Age Cult)

공개적으로 나타난 사교 형식의 조직이 뉴 에이지 운동입니다. 그들이 약속하는 새 시대는 그러나 세상을 속이기 위해 매력적인 포장지에 싼, 구태의연하고 낡아빠진 마귀의 거짓말입니다. 뉴 에이지 사람들의 기본적인 잘못은 사탄은 우주에서 선한 세력이고 하나님은 악이라고 믿는 것입니다.

그들의 '대 기도문'은 리더스 다이제스트 1982년 10월호 203페이지와 미국 전역에 걸친 신문에 나왔습니다. 그 '기도'는 그리스도의 지구로의 귀환에 관해 언급했습니다. 그러나 그것은 단지 속임수이고 실제로는 그들의 그리스도는 적그리스도에 지나지 않습니다.

사탄의 계책을 아시겠습니까? 그는 아직도 하나님의 보좌에 오르려 합니다. 하나님의 말씀은 이 세대의 끝 날에 나타나는 적그리스도에 관하여 명백히 말씀하시기 때문에 사탄은 이랬다저랬다 합니다. 즉 그는 전력을 다해 나아갈 방향을 찾는 세상에 '그리스도'로 가장해서 옵니다.

그들이 주 마이트리아(L. Maitreya)라 부르는, 이 사람이 세상에 나타날 때 그는 평화, 사랑 그리고 다른 무엇이든 세상이 필요한 모든 것을 가져오기로 되어 있다고 믿습니다. 사실은 하나님의 말씀에 의하면 정반대의 일이 일어날 것입니다.

"뉴 에이지 운동은 앨리스 에이 베일리, 데이비드 스펭글러 그리고 마릴린 퍼거슨 등의 여러 지도자를 통하여 세계를 점유할 계획을 발표했습니다. 그들은 필수적인 신세계 종교를 성립시킬 것을 준비하며 기대하고 있는데, 그 교주 메시아가 나타나서 세계의 모든 주요 종교 신봉자들에게 신세계 종교의 '진리'와 여기 부속되는 '계시'를 믿게 할 것이라는 것입니다.*

주의하십시오

"그러므로 사랑하는 자들아 너희가 이것을 미리 알았은즉 무법한 자들의 미혹에 이끌려 너희 굳센데서 떨어질까 삼가라"(벧후 3:17).

이다음 구절은 우리에게 진리 안에서 행하는 비결을 보여 줍니다. 성령이 우리를 인도함에 따라 우리는 그들이 진리를 알게 될 수 있도록 들을 귀 있는 사람을 돕습니다. **"내 형제들아 너희 중에 미혹하여 진리를 떠난 자를 누가 돌아서게 하면 너희가 알 것은 죄인을 미혹한 길에서 돌아서게 하는 자가 그 영혼을 사망에서 구원하며 허다한 죄를 덮을 것이니라"**(약 5:19, 20).

하나님의 말씀만이 우리의 터입니다. 바울은 디모데에게 이렇게 하도록 가르쳤습니다. **"네가 진리의 말씀을 옳게 분변하며 부끄러울 것이 없는 일군으로 인정된 자로 자신을 하나님 앞에 드리기를 힘쓰라"**(딤후 2:15).

그 의미는 하나님의 말씀을 분별하거나 해석하는 데는 바른길과 잘못된 길이 있다는 것입니다. 바른길은 진리는 그 자체가 모순될 수 없다는 것을 아는 것입니다. 하나님은 악할 수가 없으십니다. 그분은 항상 선하십니다. 사탄은 때로 그가 선한 것 같이 보일지라도 그럴 수 없습니다. 그는 언제나 악합니다. 당신이 하나님 말씀을 가지고 거짓 종교와 사교들을 충분히 오랫동안 면밀히 조사하면 그들의 근본적 미혹을 어김없이 발견할 것입니다. 사탄은 정말 스스로 어쩔 수가 없습니다. 그는 너무 비뚤어졌기 때문에 말씀의 빛이 그에게 비칠 때 그는 항상 본연의 모습 그대로 자신을 드러낼 것입니다.

- 사탄은 도둑, 거짓말하는 자, 살인자, 그리고 멸망시키는 자로 드러날 것입니다. -

우리는 **"오직 우리 주 곧 구주예수 그리스도의 은혜와 저를 아는 지식에서 자라가라"** (벧후 3:18)는 말씀을 실천해야 합니다.

전갈과 개구리

전갈과 개구리가 강 언덕에서 있었습니다. 전갈이 개구리에게 그의 등에 업혀 강을 건널 수 있는가를 물어보았습니다. 개구리는

"안돼! 우리가 중간쯤 건너갔을 때 네가 나를 쏘면 우리 모두 빠져 죽게."

전갈은 대답하길,

"내가 바보인 줄 알아? 나는 그보단 더 영리해. 그래서 내가 너에게 나를 데려가 달라고 청하는 거야. 빠져 죽지 않으려고."

조금 지나서 전갈은 개구리에게 그의 선한 의도를 개구리에게 확신시킨 후 그들은 여정을 시작했습니다. 그들이 강 중간에 도달했을 때 개구리의 예언이 맞았습니다. 전갈은 개구리를 쏘고 싶은 심정을 참을 수 없었습니다.

"네가 안 그런다고 약속하고 왜 그랬지? 이제 우리는 다 죽어."

"미안해. 개구리야, 쏘는 게 내 천성인걸."

전갈은 서글픈 마음으로 대답했습니다.

사탄의 근본 특성

우리가 사탄의 근성은 멸망시키는 것이고 하나님의 근본 특성은 생명을 가져오는 것이라는 것을 알 때 하나님의 말씀을 더 잘 이해할 수 있을 것입니다.

그리스도를 당신의 구세주로 영접하십시오. 하나님 말씀의 빛이 당신의 길을 밝히도록 하고 하나님의 성령의 인도를 따르십시오. 그러면 언제나 진리를 알게 되고 진리는 당신을 자유롭게 할 것입니다.

기도

사랑하는 아버지

나의 삶에 기초가 되신 견고한 터 주 예수그리스도를 주신 것을 감사합니다. 세상은 거짓말과 속임수로 가득 찼지만 나는 주님 말씀의 진리 위에 서겠습니다. 나 자신을 의지함을 용서하옵소서. 나는 나의 생명을 온전히 주님의 손에 맡깁니다. 저의 모든 죄를 용서하십시오. 예수그리스도를 내 생명의 구세주로 영접합니다. 그리고 지금부터는 주님의 말씀대로 살 것을 약속합니다.

미혹은 이제 그만

사탄아 '땅에서 무엇이든지 매면 하늘에서도 매이리라'고 하신 마태복음 18:18에 따라 나는 너의 미혹의 영을 예수의 이름으로 맨다. 나는 너의 틀어진 방법과 생각을 거부한다. 이제는 나를 건드리지도 말라고 모든 능력의 예수 이름으로 명한다.

진리를 소망합니다

예수님 감사합니다. 나의 온 마음으로 주님을 사랑합니다. 내 안에 있는 모든 것으로 주님을 섬기고 싶습니다. 나는 '무엇이든지 땅에서 매면 하늘에서도 매이리라'고 말씀하신 마태복음 18:18에 따라 진리의 성령을 풉니다. 주님 내가 넉넉히 이길 수 있도록 도와주심을 감사합니다. 아멘.

MEMO

당신은
당신의 무너진 곳을 알며
그곳을 막으려고 서 있습니까?

생명의 왕자
대
죽음의 왕

제16장

사망의 영 (Spirit of Dead)

사망의 영(sprit of dead)은 성경에 특정하게 이름으로 언급되지는 않았지만, 사망은 단지 어떤 상태이거나 사망의 원인 이상이라는 암시가 여러 군데 있습니다.

사망과 음부 (Dead and Hell)

계시록 20:13, 14은 우리에게 말해주기를 **"… 사망과 음부도 불못에 던지우니 이것은 둘째 사망 곧 불못이라."** 요한은 이 구절에서 "음부(Hell)"를 상징적으로 말한 것이 아닙니다. 실제로 존재하는 곳입니다. 따라서 여기서 "사망"은 죽음에 이르는 병이나 치명적 사고의 마지막 단계를 정의하는 것 이상의 의미가 있는 것 같습니다.

마지막 원수 (The Last Enemy)

사도 바울은 고린도전서 15:26에서 이렇게 말합니다. "맨 나중에 멸망 받을 원수는 사망이니라" 계시록 20:10에서 그때에 일어날 일련의 사건들을 보여줍니다. **"… 저희를 미혹하는 마귀가 불과 유황 못에 던지우니 거기는 그 짐승과 거짓 선지자도 있어 세세토록 밤낮 괴로**

움을 받으리라" 그다음 절에는 의롭지 못한 죽음이 그들의 죄에 대한 징벌을 받을 크고 흰 보좌 심판이 나타납니다.

그 후에서야 사망과 음부가 불못에 던지울 것입니다. 따라서 이 구절들에서 마귀와 사망 사이에 명확한 구별이 이루어집니다.

물론 사망은 사탄의 지시 아래 있지만 이 구절에 의하면 사망은 아마도 어떤 종류의 존재, 아마도 힘이 있는 타락한 천사인 것 같습니다.

계시록 9장은 다섯째 나팔 심판, 혹은 재앙 동안에 하나님이 보내신 천사에 의해 열려진 무저갱에 관한 이야기로 시작합니다. 이상하게 보이는 황충 - 전갈 같은 종류의 피조물이 다섯 달 동안 경건치 못한 사람들을 쏘려고 줄지어 나옵니다. 쏠 때의 괴로움이 너무 커서 사람들이 죽기를 구하여도 **"… 죽음이 저희를 피하리로다."**고 말씀합니다.

멸망시키는 자 (The Destroyer)

이 황충들(The Locusts : 저자는 초자연적인 곤충(Supernatural Insects)으로 표현함)은 **"… 저희에게 임금이 있으니 무저갱의 사자라, 히브리 음으로 아바돈(Abaddon)이요, 헬라음으로 이름은 아볼루온(Απολλύων)이더라"**, 번역하면 **"멸망시키는 자"**입니다. 그는 아직도 무저갱에 갇혀 있으나 전체적인 구절 내용은 사고나 질병으로 쓰러진 희생자들로부터 생명을 빼앗는 것이 주요 업무인 타락한 천사 부류들이 분명히 있다는 것을 계시합니다.

이제 이스라엘 사람들의 출애굽으로 돌아가 봅시다. 많은 기독교인들은 하나님이 양의 피를 문설주에 바르지 않은 부모들의 장자를 죽인 것으로 믿습니다. 그러나 출애굽기 12:23은 위의 '멸하는 자'에 관한 것과 결합해서 읽으면 그 상황에 대하여 다른 각도로 보게 됩니다. **"여호와께서 애굽 사람을 치러 두루 다니실 때에 문 인방과 좌우 설주의 피를 보시면 그 문을 넘으시고 멸하는 자로 너희 집에 들어가서 너희를 치지 못하게 하실 것임이니라"**

사도 바울도 이 주제에 관하여 몇 말씀을 하십니다. **"저희 중에 어떤 이들이 원망하다가 멸망시키는 자에게 멸망하였나니 너희는 저희와 같이 원망하지 말라"**(고전 10:10).

출애굽기에서는 하나님이 "악한 역"이 아니셨던 것을 이해하셔야 합니다. 하나님은 피가 문설주에 있든 없든 마귀의 멸하는 자가 모든 장자와 여기 따라온 가족까지 죽이려는 것을 막으실 능력이 있는 유일한 분이셨습니다. **'죽음의 사자'**라 불리게 된 것처럼 이 멸망시키는 자는 하나님의 대리인이 아니라 마귀의 앞잡이였습니다.

사도 바울은 히브리 2:14에서 우리에게 말합니다. **"자녀들은 혈육에 함께 속하였으매 그도 또한 한 모양으로 혈육에 함께 속하심은 사망으로 말미암아 사망의 세력을 잡은 자 곧 마귀를 없이 하시며"**

그것은 우리가 그리스도를 우리의 구세주로 영접한 후 이제 사도 바울과 함께 소리칠 수 있다는 의미입니다. **"사망아 너의 이기는 것이 어디 있느냐 사망아 너의 쏘는 것이 어디 있느냐"**(고전 15:55).

이런 모든 것들은 무슨 의미입니까? 만일 우리가 보혈로 씻음 받은 하나님의 자손들이라면 우리는 성령께서 지시하시는 대로 예수의 이름으로 사망에 저항할 수 있습니다. 그리고 사망이 그 치명적인 일을 하는 것을 막을 수 있습니다. 그것은 하나님 말씀에 신뢰와 믿음을 둔 사람들은, 예수님이 죽음에 대해 이미 수술하셨고 그분을 따르는 사람들에 관한 한 가시를 빼주셨기 때문에, 죽음을 두려워할 필요가 없다는 의미입니다.

이제 이런 모든 것은, 하나님의 자녀가 하나님의 말씀에 의거해 그의 권한을 알고 만약 상황이 필요로 할 때는 성령이 그를 재촉하시는 대로 그 권한을 잘 적용하는가 하는 사실에 달려있음을 아십시오.

그렇다면 그리스도인들은 절대 죽지 않는다고 말하십니까?

영적으로는 그렇습니다. - 육신적으로는아닙니다(Spiritually, Yes - Physically, No)

예수님이 오시는 것이 늦어지면 결국 우리는 모두 육신적으로 죽습니다. 이것은 단지, 마치 하나님께서 양의 상징적 피를 문설주에 바른 이스라엘 사람들을 죽음으로부터 보호해 주신 것처럼 죽음이 우리를 너무 조속하게 공격할 수 없다는 의미입니다. 속이는 마귀가 그들에게 죽을 시간이 되었다고 믿게 하는 계략에 넘어가거나 또는 사고가 났을 때 실제로는 하나님이 그들과 아직 끝을 내시지 않았는데도 끌려가는 그리스도인들이 있습니다.

라틴 아메리카의 우리 의사 친구가 자기 부인과 함께 하루 잘 쉬고 집에 돌아오는 길에 마주 오는 차가 중앙선을 넘었습니다. 그 친구는 정면충돌을 막기 위해 도랑 쪽으로 차를 틀 수밖에 없었습니다. 세계 여러 나라에서와 마찬가지로 이 작은 중앙아메리카 나라에도 시골길을 따라 걷는 사람들이 보통 있는데, 그 차는 앞에서 오는 차를 피하려다 길가를 걷고 있는 한 어린 소녀를 받아 그 아이를 사고 지점에서 제법 멀리 던져 버렸습니다.

그들 부부는 충격상태에서 자동차로부터 황급히 나왔고 그 소녀가 넘어져 있는 곳으로 뛰어갔습니다. 그 아이는 정말 죽은 것같이 보였고 응급 치료를 해도 소용없을 것으로 보였습니다. 그는 간증하면서, 그 순간에 성령이 예수님의 이름으로 사망의 영을 꾸짖으라고 그를 재촉했고 그는 권위 있게 그렇게 했다고 말했습니다. 그 소녀의 안색이 즉시 돌아왔고 그 아이는 괜찮다고 하며 일어나기 시작했습니다.

그 의사는 그 소녀가 빠르게 회복되어 놀랐고 - 단지 몇 군데 찢어지고 멍이 든 경상이었지만 - 그 소녀를 관 속에 넣는 대신 살아서 집으로 데려갈 수 있어서 너무 안심되었습니다. 죽음이 그 희생자를 빼앗겼을 뿐 아니라 사탄이 하나님의 자녀를 치는데도 패배했습니다. 그 의사는 외국인 신분 때문에 발생할 여러 법적 싸움뿐 아니라 자신의 과실이 아니면서도 가엾은 아이의 생명을 빼앗는 충격을 면할 수 있었습니다.

"… 한번 죽는 것은 사람에게 정하신 것이요…"(히 9:27)하심이 진리이나 그 정하신 것은 대적의 것이 아니라 하나님의 섭리에 따른 것이어야 합니다. 사탄은 살인자, 도적 그리고 거짓말쟁이입니다. 그는 우리로부터 구원, 건강, 자손, 평강 그리고 물질을 강탈하려고 할 뿐 아니라 이 땅에서 그리스도인의 증인되는 우리의 땅 위의 년 수를 빼앗으려고 합니다. **"너희는 너희 아비 마귀에게서 났으니 너희 아비의 욕심을 너희도 행하고자 하느니라 저는 처음부터 살인한 자요 진리가 그 속에 없으므로 진리에 서지 못하고 거짓을 말할 때마다 제 것으로 말하나니 이는 저가 거짓말쟁이요 거짓의 아비가 되었음이니라"**(요 8:44).

다시 한번 강조합니다만 이러한 경우에 하나님의 영이 말씀하시는 것이고 우리가 아니라는 사실을 민감하게 알아야 합니다. 그러한 결정이 되면 믿음이나 혹은 하나님으로부터 기름 부음을 받는 것이 당신의 마음이나 영에 충만할 때 당신은 의심 없이 그것을 알게 된다는 것을 발견할 것입니다. 마귀로부터 나온 다른 영들에게 말하듯 사망의 영에게 말씀하십시오. 그러나 생명의 영을 당신이 위해 기도하는 사람에게 풀 것을 잊지 마십시오.

그리스도인들은 믿음으로 죽습니다

그리스도인은 언제 또 어떻게 죽어야 합니까? 그리스도인은 빛이 어두움과 다르게 비교되는 만큼 죄인과는 다르게 죽어야 합니다. 믿는 사람의 사망은 두려움에 차 있지 않고 또 충격에 싸인 비극이 아닌, 한 서열 더 높은 곳으로의 높이 움직여야 할 것입니다. 구약 성경의 조상들은 자기 후손들을 침대 옆에 불러 후손들을 축복하거나 예언을 주고 그 다음은 단순히 그들의 발을 침상에 올려놓고 그들의 영혼이 떠났습니다.

나는 한 연로한 기독교인이 가족 모임에서 자손들에게 다음과 같이 알려 주었다는 것을 들었습니다. "나는 내일 오후 세 시에 죽을 것이다. 내가 떠나가기 전에 특별하게 할 말이 있으니 거기에 모두 오너라."

자손들은 충격을 받고 울면서 "할아버지, 그런 뜻이 아니지요. 돌아가시다니요! " 그러나 그분은 그렇게 되리라고 주장했습니다.

다음 날 아침에는 아무도 그 전날 밤에 있었던 일에 대해 얘기하는 사람도 없고 나이 드신 할아버지도 평소처럼 장난과 농담을 하셨으며 여느 때와 다름없어 보였습니다. 그러나 바로 세시 직전에 그는 "아, 이제 시간이 거의 다 되었군. 모두 침실로 오너라."하고 말했습니다. 그는 침상에 누워, 그가 떠나간 후 자손들이 어떻게 살아가야 할지 타이른 후 세시 정각에 천국 가는 엘리베이터를 탄 것같이 평안하게 주님 앞으로 갔습니다.

예수께서 비유로 부자와 나사로에 관하여 말씀하시며 나사로는 천사들에게 받들려 예수님의 사망과 부활 전 의롭게 죽은 자의 거처인 아브라함의 품에 들어갔다고 하셨습니다. 계시록 1:18에 의하면 예수님께서 죽음에서 살아나시어 사망과 음부의 열쇠를 가지셨습니다. 그 승리로 그리스도인들은 이제 죽은 후 직접 천국으로 갑니다. **"이러므로 우리가 항상 담대하여 몸에 거할 때에는 주와 따로 거하는 줄을 아노니 이는 우리가 믿음으로 행하고 보는 것으로 하지 아니함이로라 우리가 담대하여 원하는 바는 차라리 몸을 떠나 주와 함께 거하는 그것이라"**(고후 5:6~8).

우리는 믿음으로 살뿐 아니라 믿음으로 죽어야 합니다. 그런데 왜 그리스도인들이 하나님의 시간이 다 되어 예수님이 준비해 놓으신 곳으로 떠나야 할 때 이 땅에 더 머무르려고 무리하게 애를 쓰는 것일까요? 그것은 그들에게 믿음과 하나님 말씀에 대한 실질적 지식이 부족한 탓일까요? 그들이 하나님 안에서 자신들의 권리를 확신하지 못하기 때문에 죄인과 똑같이 미지에 대해 두려워하는 것입니다.

그러나 그럴 필요가 없습니다. 하나님의 말씀은 매우 명확합니다. 우리가 그리스도를 영접했고 그의 말씀대로 산다면 사망은 우리를 넘어트릴 권세가 없습니다. 주님이 우리 손에 쥐어 주신 말씀을 사용한다면 예수님이 사망을 이기셨듯이 우리도 그럴 것입니다.

"죽고 사는 것이 혀의 권세에 달렸나니"(잠 18:21). 하나님의 말씀을 말하십시오. 하나님의 말씀을 믿으십시오. 하나님이 말씀하신 대로 행하고 말씀대로 사십시오. 다음 세계로 한 걸음 넘어갈 시간이면 성령은 온전히 당신의 생애 중 '집에 돌아가는' 국면에 도달하였다고 알려줄 수 있는 능력이 있고 그때에 천사들이 와서 당신은 슬픔이 없어진 곳으로 데려가고 당신은 바로 우리 주님이며 구세주이신 예수 그리스도 앞에 있을 것입니다.

하나님에 대해 말하면서 다윗은 성령의 감동 아래 이러한 말들을 기록하였습니다. **"성도의 죽는 것을 여호와께서 귀중히 보시는도다"**(시 116:15). 우리는 하나님에게 숫자에 불과한 존재가 아닙니다. 우리가 우리 자녀들이 사는 데 어려운 부분을 도와주는 것처럼 하나님도 이생의 마지막 남은 여정까지 우리와 함께하시며 도우실 것입니다.

하나님께서 당신에게 허락한 생명의 연수를 사탄이 빼앗아 가지 못하게 하시고 다음엔 평화스럽게 집으로 돌아가기 위해 하나님을 믿으십시오. 일 분도 이르거나 늦지 않게 주님이 우리를 그분 앞에 부르는 것이 하나님 자녀들의 숙명입니다. **"내가 오늘날 천지를 불러서 너희에게 증거를 삼노라 생명과 사망과 복과 저주를 네 앞에 두었은즉 너와 네 자손이 살기 위하여 생명을 택하고…"**(신 30:19).

사탄은 그리스도인 삶의 모든 부분에 치명적 타격을 가하고자 기를 씁니다. 믿는 사람의 생명을 빼앗지 못하면, 사탄은 그들의 금전 문제, 결혼, 우정, 또는 가족 관계 등을 망하게 하려고 할 것입니다.

믿는 자인 당신은 예수 그리스도 안에서 모든 권세를 차지할 수 있고 원수를 잡아맬 수 있습니다. 그로 하여금 의당히 당신의 것인 것으로부터 손을 떼도록 말하십시오. 모든 경우에 생명의 말씀으로 말하십시오.

예수님은 요한복음 14:6에서 **"내가 길이요, 진리요, 생명이니"**라고 말씀하셨습니다. 우리가 우리 삶의 영역에서 말에 진실과 생명을 담아 말하며 주님을 따르면, 우리는 삶 속에 예수의 능력을 풀고 있는 것입니다. 그분의 능력은 무엇이든 변화시킬 수 있습니다!

하나님께 매일 더 가까운 관계를 갖고 행하기 시작하십시오. 그러면 주님은 당신의 발걸음을 인도하실 것입니다. 성령의 조용한 목소리에 귀를 기울이십시오. **"불의한 재물은 무익하여도 의(Righteousness)는 죽음에서 건지느니라"**(잠 10:2).

위에서 부르신 부름의 상을 얻도록
달음질하십시오.

기도

사랑하는 아버지 오늘부터 나는 나의 영혼과 육신을 완전히 하나님이 다스리는 삶을 택합니다.

사탄아, 나는 너의 사망의 영을 꾸짖는다. 나를 멸망시키려 하지만 너는 벌써 불못에 멸망되었다. 나는 네가 망하게 하고 강도질하는 것을 거부한다. 예수의 이름으로 명하니 나를 당장 떠나라!

주 예수님, 내 안에 거하시고 내가 손대는 일마다 축복해 주시는 성령께 감사를 드립니다. 나는 마태복음 18:18에 의해 묶고, 풀 권세가 있음을 압니다. 주님께서는 주의 말씀을 주장하시어 내 안에서 그대로 이루어지게 하십니다. 나는 주님께 영광을 돌리고 저에게 자비를 베푸심을 찬양합니다. 아멘.

MEMO

MEMO

제17장

영적 전쟁을 위한 추가적 권면

육체의 일

"육체의 일"을 말할 때 명확히 무엇을 언급하는 것인지 알기 위해 갈라디아서 5:19~21을 보시겠습니다. **"육체의 일은 현저하니 곧 음행과 더러운 것과 호색과 우상 숭배와 술수와 원수를 맺는 것과 분쟁과 시기와 분냄과 당 짓는 것과 분리함과 이단과 투기와 술 취함과 방탕함과 또 그와 같은 것들이라 전에 너희에게 경계한 것 같이 경계하노니 이런 일을 하는 자들은 하나님의 나라를 유업으로 받지 못할 것이요."**

육체의 일에 연관된 다른 구절들은 로마서 1:28~32, 에베소서 5:3~6, 고린도전서 6:9, 디모데후서 3:2~5 그리고 요한계시록 21:8입니다.

육체의 일이 행해지는 곳마다 보통 강한 자들이 머물고 있는데 그곳이 그들의 작업장이기 때문입니다. 육체의 일이 더욱 발전하여 귀신의 활동까지 가는 것은 거기 관련된 당사자에게 달려 있습니다.

대부분 육체의 일에 첫 단계는 호기심입니다. 그리고 그것은 초기 참여를 유발합니다. 그 사람이 매혹에 이끌리고 황홀해 할 때, 만일 그가 그리스도인이면, 성령이 아직도 임재하셔서 그의 잘못함을 책망합니다. 그러나 그가 성령의 책망을, 사람과 경우에 따라 다르지만, 상당 기간 무시하면 그는 그의 계속적으로 짓는 죄를 통하여 그의 문이 열리도록 했기 때문에 귀신의 활동을 시작하게 하는 위험에 처하게 될지 모릅니다.

울타리

"… 담을 허는 자는 뱀에게 물리리라"(전 10:8). 이 구절은 독을 가진 뱀들이 들어오지 못하도록 집 주위에 설치한 특별한 울타리에 관한 것입니다. 만일 울타리가 부서지거나 뚫어지게 방치했다면 뱀이 들어올 가능성이 높을 것입니다. 만일 뱀 한 마리가 그 근처에 있었다면 그 집이 뱀들의 굴들에 있었던 것보다도 더 빨리 들어 올 수 있을 것입니다. 마찬가지로 우리의 영적인 담을 열어 놓으면 우리가 사탄에 공격당할 가능성이 높아집니다.

그러나 우리의 문이나 울타리를 견고케 하면 우리는 이렇게 뱀으로 가득 찬 세상(사탄의 권세)에서 살지 않고 마귀도 절대 건드릴 수 없습니다. 단지 성령에 의한 하나님 말씀의 사역만이 우리를 죄에서 막아 줄 것입니다. 우리가 매일 접하여야 할 하나님 말씀을 외면하면 경보 체계를 꺼버리는 결과이며 또 우리들의 문이 열리게 되고 사탄으로 하여금 우리를 한번 겨냥하도록 하여 우리가 피할 수도 있었던 싸움을 치르게 됩니다. 여기 영적 전쟁에서 승리하기 위한 몇 가지 조언을 드리겠습니다.

분별하십시오

우리들의 영적 생활 가운데 모든 문제들이 귀신에 의해서 원인이 되는 것은 아닙니다. 대부분의 문제점은 우리가 하나님의 말씀에서 빗나가기 때문에 시작됩니다. 당신의 삶을 위한 주님의 뜻을 따라 매일매일 결정을 내리도록 유의하십시오.

조용히 주관하십시오

듣지 않는 사람들에게는 당신의 영적인 진단을 고집하지 마십시오. 그 사람이나 성령이 그가 들을 준비가 되었다고 암시할 때까지, 당신의 심령 속에서나 또는 혼자 있을 때는 소리를 내어, 단지 조용하게 계속해서 예수 그리스도의 이름으로 그 일을 주관하십시오. 이 방법에 한 가지 예외는 확실히 귀신 들린 경우로서 그런 때는 성령이 당신을 인도하여 직접 행동하게 하시고 귀신을 내쫓는 것입니다. 귀신이 떠나간 후에는 훗날에 귀신들이 떼를 지어 돌아올 수 없도록 그 사람이 하나님의 말씀과 성령으로 충만한지 유념해서 확인하십시오.

더 큰 진리

귀신을 너무 의식하다가 당신의 이름이 하늘에 기록되었다는 훨씬 더 큰 진리를 잊지 말기 바랍니다(눅 10:20). 예수의 이름으로 행할 때의 영적인 권능을 알기 바랍니다. 그리고 가능한 한 긍정적인 것을 강조하십시오. 하나님은 구원하시고, 치유하시며 성령으로 세례를 주시고 이 세상에서 진실로 거대한 일들을 모두 하십니다. 당신의 삶 속에 성령의 열매가 번성하고 또한 성령의 은사가 성령의 뜻대로 당신을 통하여 역사하도록 말씀 안에서 자라 가십시오.

하나님께 영광을 돌리십시오

항상 시간을 내어서 영적전쟁에서 승리한 모든 것들에 대하여 사람들 앞에서 하나님께 영광을 돌리십시오. 당신 자신에게 영광을 돌리지 마십시오. 그것은 하나님 소유이십니다.

기도

어떻게 해서라도 영적 전쟁에서는 당신의 기도를 하십시오. 로마서 8:26 말씀처럼 우리가 어떻게 기도할지 모를 때 성령이 친히 아시고 우리를 위하여 간구하십니다.

들을 수 있는 목소리로 하십시오

가능하면 마태복음 18:18에 따라서 매고 푸는 것은 들을 수 있는 목소리로 함이 도움이 됩니다. 사탄이 당신 마음에 유혹을 품게 할 능력은 있으나 당신 마음을 아직 읽을 수는 없습니다. 그는 단지 결과적인 행동과 말로서 그 유혹에 대한 당신의 반응을 알 수 있습니다. 그렇기 때문에 당신이 어떤 느낌이나 생각을 가졌든 간에 하나님 말씀을 말하는 것이 좋은 습관입니다. 오직 하나님만이 전지전능하십니다. 그분은 당신의 마음을 포함해 모든 것을 아십니다(왕상 8:39).

나는 사탄에게 그의 책략으로 나를 꾀일 수 없을 것이라고, 또한 그의 방법대로 하는 것을 거부하며 오히려 그의 엉터리 제안으로 처음부터 나를 속이려는 저의에 대해 하나님의 말씀에 따라 성령을 그에게 풀어놓을 것이라고 그에게 들리도록 알려주고 싶습니다.

광명의 천사

사탄도 광명의 천사로 보일 수 있는 것을 기억하십니까? (고후 11:14, 15) 단지 좋게 보인다고 해서 다 좋은 것이 아닙니다. **"그러나 우리나 혹 하늘로부터 온 천사라도 우리가 너희에게 전한 복음 이외 다른 복음을 전하면 저주를 받을지어다"**(갈 1:8).

겸손 하십시오

우리들은 성령에 의하여 쓰임 받아, 사람들을 원수의 공격으로부터 막아준다는 이유로 우리가 교만에 차 있을 수 없습니다. 마가복음 16:17에 의하면 믿는 자들은 누구나 예수의 이름으로 귀신을 쫓아낼 수 있는 권능을 가질 수 있어야 합니다. 그러므로 우리가 이러한 공부를 한 것입니다. 즉 사탄을 대할 때 생기는 두려운 마음을 없애고 믿는 사람이라면 어느 평신도라도 다룰 수 있는, 강한 자를 납작하게 만들기 위함입니다.

우리가 승리자라는 것을 알면 아주 마음이 편해지기 때문에 귀신에 관해서는 더욱 걱정할 필요가 없습니다. 그것들이 고개를 내밀 때는 우리가 그 증상을 알아챌 것이니 그러면 예수의 이름으로 귀신을 쫓아낼 권능을 가지십시오.

중요한 사실은 예수님께서 우리의 생활 가운데 우리를 다스리고 임재하고 계신다는 것입니다. 주님과의 관계로 인해 우리는 그분의 권세를 누립니다.

두려워할 필요 없습니다

우리가 사람들을 위해 기도할 때 귀신이 손을 뻗쳐 우리를 붙잡으리라는 두려움을 가질 필요가 없습니다(눅 10:19, 사 54:17). 사탄의 영역을 지배하는 우리의 권능은 완벽합니다. 우리들은 하나님 자녀들이기 때문에 귀신들이 우리를 두려워합니다. 야곱은 야고보서 2:19에서 귀신들은 사태가 정말 어떠한지 알기 때문에 떠느니라고 말씀합니다. 그는 야고보서 4:7에서 **"… 마귀를 대적하라 그리하면 너희를 피하리라"**고 말합니다. **"피하리라(flee)"**라는 단어는 헬라어 번역으로는 어떤 사물이나 사람으로부터 무서워서 달아난다는 의미입니다. 우리가 하나님의 말씀에 따라 예수 그리스도의 이름을 대면 귀신들은 무서움에 질려 버립니다.

여기에 단 한 가지 예외는 믿는 자가 아니거나 혹은 하나님 안에서 자신의 위치를 확신하지 못하는 방관자일 것입니다. 이러한 이유로 영적인 전쟁에는 우리 주 예수의 이름 안에서 그들이 승리자라는 것을 아는 성령 충만한 믿음의 사람들만이 함께 참석하기를 권합니다.

믿음으로 행하십시오

어떤 일이 일어났었다는 것을 증명할 물적 확인을 기대하지 마십시오. 겉으로는 아무 일도 일어나지 않은 것 같으나 우리가 하나님의 말씀을 믿음으로 말할 순간에 커다란 영적인 진행이 시작되었습니다. 승리는 언제나 우리의 것입니다. 예수님이 무화과나무를 저주하셨을 때 그 나무는 즉시 죽었습니다. 그러나 뿌리로부터 결과가 나타나기까지는 시간이 걸렸습니다(막 11:20, 21). 우리는 믿음으로 행하지, 눈으로 보는 것으로 하지 않습니다.

권위 있게 행하십시오

원수에게는 보통 목소리로 권위 있게 말하십시오. 소리 지를 필요가 없습니다. 대개는 하나님 말씀의 확신이 덜한 사람일수록 마치 자기의 큰 목소리로 마귀를 놀라게 하려는 듯이 더 크게 소리칩니다. 마귀를 놀라게 하는 것은 예수 그리스도 뿐입니다.

삶의 현실

영적 싸움은 선택이 아니고 피할 수 없는 삶의 현실입니다. 어떤 그리스도인들은 누구라도 예수님을 영접하는 순간부터, 예수님이 죽으시고 죽음에서 다시 살아나셨을 때 사탄을 이기셨기 때문에, 그는 귀신의 공격을 다시는 결코 감당할 필요가 없다고 잘못 믿고 있습니다. 만일 그것이 사실이라면 사도 바울이 왜 디모데에게 "믿음의 선한 싸움을 싸우라"고 하였겠습니까?

사도 바울은 또 말씀하기를 **"마귀의 궤계를 능히 대적하기 위하여 하나님의 전신 갑주를 입으라"** 왜? **"우리의 씨름은 혈과 육에 대한 것이 아니요 정사와 권세와 이 어두움의 세상 주관자들과 하늘에 있는 악의 영들에게 대함이라"**(엡 6:11, 12). "우리의 씨름"이라고 그는 말합니다. 그리고 그 씨름을 이기기 위해 우리가 가지고 있는 권세를 이렇게 나열하고 있습니다. 즉 진리, 의, 평안의 복음, 믿음, 구원, 하나님의 말씀, 그리고 성령 안에서 기도함입니다.

사실로, 예수님은 사탄과의 싸움에서 이기셨습니다. 그러나 우리는 우리들 생활 가운데서 매일 같이 승리를 보존해야 합니다.

예수님이 십자가에 죽으셨을 때 우리는 구원을 받았으나, 우리는 아직도 우리의 구원을 이루어야 합니다. **"… 너희 구원을 이루라"**(빌 2:12). 우리의 구원을 책임 있게 유지하기 위해 매일 같이 우리가 할 일이 있습니다.

우리는 승리자입니다!

한 가지 우리가 모두 합의하는 것은 원수가 어떤 형태로 대적할지라도 예수님께서 그들의 세력을 물리치시고 우리에게 승리를 주셨다는 것입니다.

우리는, 성경은 매우 분명하게 그들을 언급하고 있음에도 불구하고 이 책에 나열된 것같이, 귀신들이 제각기 특별한 부분을 담당한다는 사실에 대해 누구나 다 동의하지는 않는 것을 압니다. 우리는 천사들은 스랍들이나 천사장들처럼 특별한 임무가 있다고 말합니다. 그러면 왜 사탄의 모조 왕국이 그렇지 않겠습니까? 위에서 보신 에베소서 6:12에서도 이 사실을 입증하는 것 같습니다.

매고 푸는 것

각 장마다 끝에 나오는 매고 묶는 기도는 우리 기도의 전체 부분으로 고안된 것은 아니고 단지 시작점일 뿐입니다. 당신이 기도드릴 때는 개인적으로 특별한 필요에 맞도록 자신의 요구와 자신의 말을 포함하십시오. 우리의 기도는 어떻게 시작할지 모를 사람들을 도울 초안에 지나지 않습니다.

헬라 번역 성경에는 마태복음 18:18이 영적 전쟁의 싸움터에서 교회의 계율로서뿐만 아니라 마귀의 속임수를 다루는데 전면적으로 알맞다는 것을 구체화하는 확고한 증거가 있습니다.

예수님이 마태복음 12:29에서 다음과 같이 말씀하실 때 영적 싸움에 관한 것이라는 것을 아무도 의심치 않습니다. "사람이 먼저 강한 자를 결박하지 않고야 어떻게 그 강한 자의 집에 들어가 그 세간을 늑탈하겠느냐 결박한 후에야 그 집을 늑탈하리라" 여기 나오는 '결박하다'라는 단어는 예수님이 마태복음 16:19과 18:18에서 인용하셨던 동일한 희랍어입니다. "무엇이든지 너희가 땅에서 매면 하늘에서도 매일 것이요 무엇이든지 땅에서 풀면 하늘에서도 풀리리라"

더 나아가 위의 세 구절에서 우리가 무엇을 맬 것인가를 설명하는데 인용된 헬라 언어 구조는 사람을 매는 것이 아니라 성적 구별이 없는 중성의 것을 매는 것으로 표현되어 있습니다(**"… 장가도 아니가고 시집도 아니가고 하늘에 있는 천사들과 같으니라"** 막 12:25). 영들은 남성이나 여성이 아니고 중성이기 때문에 그것은 사탄과 귀신의 영을 맬 때 해당하는 경우일 것입니다. 우리가 맬 것은 그것들이고 사람이 아닙니다! 다음은, '무엇이나(whatsoever)'는 희랍어로 'ho' 그래서 16:19에서는 중성 단수이고 'hosa'는 18:18에서 중성 복수로 표시되어 있습니다. 그러므로 16:19을 읽을 때는 18:18과 동일하게 you 대신 ye를 사용하여 중성화시켜야 합니다.

영어에서도 사람들에 대한 언급을 할 때 'whosoever'로 말하며 사물에 관하여 표현할 때는 이 경우처럼 'whatsoever'라고 합니다.

그러므로 예수님이 마태복음 16:19, 18:18, 그리고 12:29에서 기도와 영적인 싸움에 관하여 말씀하셨음이 아주 명백합니다.

여기서 '풀다(loose)'로 쓰여진 희랍어는 'luo'로 가장 큰 의미는 'loosen(자유롭게 하다, 풀다)'입니다 - 문자 그대로이든 또는 비유적이든 - 그것은 우리가 어떤 상황에서 성령께서 원하시는 대로 풀고 허락하고 협력할 때 우리가 하는 일을 비유한 것입니다.

하나님은 항상 더 크십니다

하나님의 군사들은 악한 병사들에 비해 압도적입니다. 때로는 이런 종류의 공부를 하고 있으면 이 세상에서 일하는 군사들은 악한 것들뿐인 것 같습니다. 그렇기 때문에 하나님의 역사에 대한 긍정적인 시리즈와 이 공부를 균형을 맞추고 싶은 것입니다. 하나님은 단지 마귀를 대적하라고 권능을 주신 것이 아닙니다. 우리가 여기 있는 것은 이 땅에 하나님 왕국을 세우기 위함입니다. 우리는 성령의 은사와 성령의 열매를 받았습니다. 선한 천사는 나쁜 천사보다 두 배나 됩니다.

이것의 좋은 예는, 비록 아람 왕의 말과 병거가 성을 에워쌌지만 그의 사환이 실제로 나타나는 대로 사태를 볼 수 있도록 엘리사가 기도한 시간입니다. **"기도하여 가로되 여호와여 원컨대 저의 눈을 열어서 보게 하옵소서 하니 여호와께서 그 사환의 눈을 여시매 저가 보니 불말과 불병거가 산에 가득하여 엘리사를 둘렀더라"**(왕하 6:17). 그것은 상대가 되지 않았습니다. 그러므로 적절한 시각에서 영적으로 이해해 나갈 필요가 있습니다.

계속해서 영적인 성장을 하십시오

이제 우리는 원수의 권세로부터 풀려났으니 하나님이 우리에게 주시는 더 크고 좋은 것을 향해 계속 앞으로 나아가야 합니다. 하나님의 귀한 말씀의 약속을 찾아내십시오. 영적인 것들 안에서 진행하십시오. 하나님과 동행하십시오. **"푯대를 향하여 그리스도 예수 안에서 하나님이 위에서 부르신 부름의 상을 위하여 좇아"**가십시오(빌 3:14). 하나님은 면류관과 상을 가지고 자신의 생활 가운데 주님의 뜻을 충실하게 실현시키는 사람들을 기다리십니다. 더 크신 분이 우리 안에 살아 계십니다.

가서 가르치라…

예수께서 이르시기를, **"… 하늘과 땅의 모든 권세를 내게 주셨으니 그러므로 너희는 가서 모든 족속으로 제자를 삼아 아버지와 아들과 성령의 이름으로 침례를 주고 내가 너희에게 분부한 모든 것을 가르쳐 지키게 하라 볼찌어다 내가 세상 끝날까지 너희와 항상 함께 있으리라 하시니라"**(마 28:18~20).

MEMO

MEMO

저자소개

제리와 캐롤 로우브슨 박사(Drs. Jerry and Carol Robeson) 부부는 라틴 아메리카에서 20년간 선교를 했는데 주로 Nicaragua, Costa Rica, Paraguay, Jamaica, Mexico 그리고 Chile 등지에서 사역을 했다. 그들은 도시 안에서 교회가 없는 지역에서 야외 집회를 주로 하며 매일 밤 집회를 가졌다. 일례로, 코스타리카에 있는 개척교회에는 만 명 이상이 출석하였다.

Robeson 내외는 TV와 라디오 사역을 오랫동안 활발하게 진행했는데 미국과 라틴 아메리카에서 천이백 편 이상의 기독교 TV 프로와 수백 편의 라디오 방송 프로그램을 제작 및 감독하였다. 그들은 또 미국 전역에 걸쳐 TV에 초빙되어 출연하였다.

두 사람 모두 워싱톤주 커클랜드 소재 North West 대학을 졸업하고 캘리포니아 샌디아고에 있는 Vision International 대학교에서 1996년 신학 박사 학위를 수여 받았다.

제리는 1999년 9월 18일 소천하였다. 유족으로는 부인 캐롤과 두 딸에서 손주 넷을 두었다. 타계하기 전까지 두 사람이 함께 미국 및 라틴 아메리카에서 세미나 등으로 제자를 가르쳤고 캐롤은 아직까지 세미나 및 수련회 사역을 계속하고 있다.

캐롤은 오레곤주 카이저에 있는 Shiloh Publishing House의 발행인이다. 그녀의 저서로는 God's Royal Road to Success; Strongman's His Name, What's His Game?; Mighty Warriors, Jr. Activity and Coloring Book; Dynamic Faith of the Believer 등이 있고 Strongman's His Name…II는 남편과 공저하였다.

추천사

본서는 수백 가지 변형의 능력으로 우리를 공격하는 사탄의 정체와 그들의 무서운 전술 전략을 성서로 아주 쉽게 진단 파악하여 우리로 싸워 필승케 하는 보기 드문 영적 병서요 교본이다. 사탄과의 전쟁은 한순간의 휴전도 없고 협상도 없는 우리의 생사가 달린 전투다. 진자는 이긴 자의 종이 되기 때문이다(베드로후서 2:19).

목회자와 신학생 평신도 모두에게 필독을 권한다.

고 훈 목사 (안산제일교회 원로목사)

추천사

하나님의 사역을 하는 데는 세상적 조건을 필요로 하지 않습니다.

오로지 사명에 초점을 맞추는 것이 중요합니다.

윤윤근 목사님은 오직 주님의 영광만을 위하여 살아가시는 분입니다.

이 책은 영적 전쟁의 성서적 전략을 통하여 승리하는 그리스도인으로 독자들을 인도하실 것을 저는 확신하며 이 책을 적극적으로 추천합니다.

이순창 목사
(연신교회 담임목사 / 예장통합 107회 총회장)

추천사

영적 전쟁에 관한 서적들이 제법 출판되어 책을 읽어보고, 강의도 듣고, 직접 강의한 적이 있습니다.

그런데 나는 이 책을 보면서 마지막 날에 어떻게 구체적으로 영적 전쟁을 할 수 있는지 깊은 생각을 하게 하는 한 권의 지침서라고 생각하게 되었습니다.

저자 부부는 20년 동안 라틴 아메리카에서 선교사역을 하면서 실제로 선교 현장에서 영적 전쟁을 경험한 것을 아주 세밀하게 유형별로 분류하여 정리하였을 뿐 아니라 성경 말씀을 근거하여 악한 사탄의 도전에 기독교인들이 영적 전쟁을 승리하는 방법을 제시하였습니다.

영적으로 혼탁한 오늘날, 시기적절하게 사랑하는 동역자인 윤윤근 목사에 의해 한국어로 책이 번역되어 출판함을 기쁘게 생각하며, 이 책을 기독교인 누구나 읽어야 할 필독서로 추천합니다.

아무쪼록 영적 전투에서 독자들이 已经得胜有馀了(넉넉히 이기는) 롬 8:37 자들이 되시 길 바랍니다.

박화목 선교사 (CCM 중화선교회 국제책임자)

인사말

Dear Holly Hill House Group

Thank you for all of your work on the Korean translation of Strongman's His Name... What's His Game? by Jerry and Carol Robeson.

Whitaker House has been publishing this book for over twenty years.

This book has blessed thousands of readers that want to deepen their commitment to Spiritual Warfare and the means to combat the tools of the Enemy.

We know the excellent work you do at Holly Hill House will expand this message to Korea in a time when equipping believers to fight an important spiritual battle with all we are facing in the times we are living in.

Thank you for your commitment to this book and we pray you will hear many testimonies of overcoming.

Blessings
Christine Whitaker
Whitaker House Publisher

참고문헌

이 책에서 인용된 성경 구절들은 원문은 King James Version에서 또 번역은 개역 한글판에서 인용 되었습니다.

제1장

1. Page 41; Dake's Anotated Reference Bible; New Testament; page 170; note "n".

제3장

1. Page 67; Newsweek; April 18, 1983; page 80.
2. Page 67; Statesman Journal; Salem, OR; January 20, 1987; page 1.
3. Page 67; Statesman Journal; Salem, OR; September 19, 1983; pg. 1A.
4. Page 67; Statesman Journal; Salem, OR; January 20, 1987; page 1.

제5장

1. Page 88; A. Snider; Pentecostal Evangel; Apr. 17, 1983.
2. Page 92; Statesman Journal; Salem, OR; Feb. 3, 1981; Jane S. White; A.P. writer..

제9장

1. Page 155; Christianity Today; Sept. 18, 1981; Dr. K.S. Kantzer.
2. Page 155; Parade Magazine; May 1, 1983; page 16.
3. Page 155; The Denver Post; June 6, 1974; page 12.
4. Page 155; Time Magazine; April 22, 1974; page 59.
5. Page 156; U.S. Sen. J.A. Denton Jr.; National Enquirer; Mar. 29, 1983; page 51.
6. Page 158; Star; March 22, 1983; page 6.

제12장

1. Page 195; The Random House Dictionary.
2. Page 199; Miami Herald; October 19, 1975; page 12-aw.
3. Page 206; The New Bible Dictionary-Eerdmans; page 766.
4. Page 207; Demons, Demons, Demons; by John Newport; Broadman Press.
5. Page 209; The New Bible Dictionary-Eerdmans; page 767.

제13장

1. Page 225; Reader's Digest; July, 1965; p.260.
2. Page 225; Bantam Books; pgs 173, 174.
3. Page 228; Edgar Cayce On Reincarnation; by Noel Langley under the editorship of Warner Bks.; p. 271.
4. Page 228; The Story of Edgar Cayce-There Is A River; by Thomas Sugrue; Dell Publishing Co., Inc.; Page 304.
5. Page 228; Edgar Cayce On Reincarnation; by Noel Langley under the editing of Hugh Lyon Cayce; Warner Books; pages 271-272.

제14장

1. Page 242; Charisma; May, 1983; page 31; Tim LaHaye.
2. Page 243; Christian School Comment; Vol. 12, No.5.
3. Page 244; Charisma; May 1983; page 32.

제15장

1. Page 256; The Hidden Dangers of the Rainbow; Constance Cumbey; Outline, pg. 5.

하나로선
사상과문학사 (H.h.H)

스트롱맨

너의 이름은…

너의 계략은?

초판1쇄발행 2022년 4월 27일

지 은 이 제리, 캐롤 로우브슨
옮 긴 이 윤윤근
펴 낸 이 박영률
펴 낸 곳 하나로선 사상과 문학 기독출판부(H.h.H)

출판등록 제2012-000301호
주 소 서울시 마포구 토정로198 영풍@101동 상가 204호
전 화 02) 326-3627
팩 스 02) 717-4536

메일주소 holyhill091@hanmail.net

I S B N 979-11-88374-37-3 03230
정 가 16,000원